Storm

Kijk naar de lucht en voorspel zelf de storm

Alan Watts

Hollandia · Haarlem

U kunt u gratis abonneren op de Hollandia-nieuwsbrief via onze website **www.hollandia-boeken.nl**, waar u natuurlijk ook alle informatie vindt over onze andere boeken.

Andere Hollandia-boeken over het weer:

Het kleine weerboek
Alan Watts

Meteorologie en oceanografie voor de zeevaart
C.J. van der Ham

Het weer van morgen
Dieter Karnetzki

Zwaarweerzeilen
Peter Bruce

Handboek Kustnavigatie
Adelbert van Groeningen, Toni Rietveld en Janneke Bos

© 2009 Alan Watts
Oorspronkelijke titel: *Instant Storm Forecasting*
Oorspronkelijke uitgever: Adlard Coles Nautical, an imprint of A&C Black (Publishers) Ltd.

Voor het Nederlandse taalgebied:
© 2010 Uitgeverij Hollandia BV, Postbus 317, 2000 AH Haarlem (e-mail: post@gottmer.nl)
Uitgeverij Hollandia BV maakt deel uit van de Gottmer Uitgevers Groep BV

Vertaling: Olav Cox

ISBN 978 90 6410 500 5
NUR 912

Inhoud

Voorwoord

Ondanks de titel is dit geen boek waarmee je precies leert voorspellen wanneer er een storm op komst is, iets waar zelfs de weerdiensten wereldwijd nog altijd veel moeite mee hebben. Wat ik hoop te bereiken is dat je leert op welke signalen je kunt letten wanneer de weerprofessionals voorspellingen hebben gedaan over naderend slecht weer – en soms ook wanneer ze dat niet gedaan hebben.

Door dit boek denk je er misschien aan om je antenne los te koppelen van de tv wanneer de eerste donderklap klinkt. Het geeft adviezen over benodigde kleding en uitrusting wanneer je naar gebieden afreist waar het weer heel anders is dan thuis; en het geeft aan welke voorzorgsmaatregelen je kunt nemen.

Er bestaan enorme verschillen tussen het (meestal aangename) weer wereldwijd – maar je kunt verzeild raken in verschrikkelijke omstandigheden, zelfs op plaatsen waar het weer normaliter heerlijk is. Mijn doel is je te waarschuwen voor de mogelijke omstandigheden, maar om alle grillen van het weer wereldwijd te beschrijven zou ik een veel dikker boek nodig hebben.

Eerder verscheen van mijn hand *Het kleine weerboek*, dat inmiddels al meer dan veertig jaar bestaat. Dit boek laat in tabelvorm zien waar je op moet letten wanneer je naar de wolken kijkt en helpt de lezer om het weer te voorspellen. *Storm* volgt hetzelfde principe; het beschrijft sleutelfactoren die horen bij verschillende weersomstandigheden (deels in tabelvorm) en wijst op zaken waar je aan moet denken voordat 's werelds meest extreme weersomstandigheden zich aandienen. Net als de andere boeken uit de serie is *Storm* rijkelijk voorzien van zorgvuldig geselecteerde foto's.

Reisgidsen laten meestal een prachtig gekleurd beeld zien van de plaats waar je voor werk of vakantie naartoe gaat, dus het is goed om vooraf gewaarschuwd te zijn voor de mogelijkheid dat er in het idyllische plaatsje ook andere weersomstandigheden kunnen heersen. Je zou dit op een vakantie kunnen meemaken. Zo heeft de normaliter goedaardige Middellandse Zee wel eens te maken met woestijnstormen, zoals de sirocco. Deze waaien in noordelijke richting vanuit de Noord-Afrikaanse woestijnen en voeren veel stof mee. Een stofmasker zou dus een goede aanvulling op je bagage kunnen zijn. Grote windsystemen voeren dit stof over heel Zuid-Europa, en zelfs in Noord-Engeland komt het woestijnstof wel eens naar beneden. Je kan 's ochtends wakker worden en je auto – vooral wanneer het licht geregend heeft – vol met kleine rode vlekjes Saharastof aantreffen.

Misschien ben je avontuurlijk aangelegd en besluit je om Oost-Australië te bezoeken om de winter op het noordelijk halfrond te ontvluchten. Dan kun je maar beter weten dat dit gebied tijdens de Australische zomer te maken heeft met een moesson met zeer veel regen.

Het mysterieuze Oosten is minder mysterieus dan het vroeger was, maar aan de frequentie van de tyfoons is niets veranderd. Dus in welk seizoen komen ze voor? Wanneer je naar het zuiden van de VS gaat kun je te maken krijgen met orkanen. Dekt je verzekering de kosten wanneer je daarmee te maken krijgt? En het Midden-Oosten wordt steeds toeristischer, maar houd er rekening mee dat daar cyclonen voorkomen.

Ik heb geprobeerd deze en veel andere onderwerpen in dit boek te beschrijven en hoop dat je er wat aan hebt. En zelfs wanneer je geen plannen hebt om binnenkort je eigen vertrouwde thuis te verruilen voor een gebied ver weg, zul je gefascineerd zijn door interessante feiten en opmerkelijke foto's.

Alan Watts

Verklaring gebruikte termen, afkortingen en conversies

Convectie is verticale beweging van lucht. Wanneer lucht opstijgt leidt dit tot stapelwolken en soms tot regen, maar er stroomt ook lucht naar beneden om het evenwicht te herstellen. Sterke convectie leidt tot onweer, stortregens en hagelbuien.

Luchtmassa's zijn grote massa's lucht die warmer of kouder zijn dan normaal. Ze zijn warmer of kouder tot tegen de tropopauze aan en er ontstaan fronten waar ze elkaar raken. De voornaamste oorsprong van warme luchtmassa's zijn de semipermanente hogedrukgebieden boven tropische zeeën. Hier blijft de lucht voor langere tijd hangen zodat deze de temperatuur en vochtigheid van de zee kan opnemen. Dit wordt maritieme tropische lucht (*mT lucht*) genoemd. Lucht die boven de polaire hogedrukgebieden blijft hangen en daarna naar de gematigde breedtes stroomt wordt maritieme polaire lucht (*mP lucht*) genoemd. Daar waar de mT en mP luchtmassa's elkaar raken ontstaan de meeste depressies met bijbehorende fronten.

Andere soorten luchtmassa's komen bijvoorbeeld rechtstreeks van de Noordpool (NH) of Antarctica (ZH). Deze zijn vaak erg koud. Ze zijn echter niet zo koud als *continentale polaire* (*cP*) lucht die afkomstig is van enorme winterhogedrukgebieden zoals het Siberische hoog, noch zo warm als *continentale tropische* (*cT*) lucht die uit de woestijngebieden komt.

Het weer kan sterk worden beïnvloed door luchtmassa's die over land (vooral in berg- of heuvelachtige gebieden) of over water stromen. Meteorologen beoordelen luchtmassa's dan ook op basis van de karakteristieken op grote hoogte, en niet op die vlak boven het aardoppervlak.

Luchtvochtigheid heeft grote invloed op onze weerstand tegen warmte of kou. Een hoge luchtvochtigheid beperkt de mogelijkheid om door zweten warmte af te voeren waardoor tropische breedtes ondraaglijk kunnen zijn voor mensen die gewend zijn aan een gematigd klimaat. De kou in poolgebieden is vaak draaglijk door de droge omstandigheden, terwijl in berggebieden kou samen met een hoge luchtvochtigheid gevaarlijk is. Een zomerse hittegolf kan veel slachtoffers eisen wanneer er een hoge luchtvochtigheid heerst.

Neerslag is een algemene term voor al het meteorologische dat uit de lucht valt, zoals (mot)regen, sneeuw en hagel.

Occlusies zijn de fronten die het meest voorkomen boven landmassa's. Ze ontstaan tijdens de ontwikkeling van depressies wanneer koudefronten warmtefronten inhalen. De warme lucht wordt dan geleidelijk van het aardoppervlak opgetild doordat de koude lucht onder de warme lucht dringt. Het hoort dus gewoon bij de vorming van depressies en het is een andere manier om warme lucht omhoog te laten bewegen. Occlusies zijn vaak verantwoordelijk voor langere periodes van aanhoudende of onderbroken regen of sneeuw.

Straalstromen zijn zeer snelle 'windrivieren' die op 10 kilometer hoogte rond de gematigde breedtes waaien. De snelheid bedraagt ongeveer 100 knopen (ca. 180 km/uur), soms sneller, vaak langzamer. Ze staan in direct verband met het ontstaan en voortbewegen van depressies, en een zware depressie hoort – meestal – bij een sterke straalstroom. Wanneer straalstromen tot buiten de normale regio reiken doen de depressies dat ook en is het weer in dat gebied van slag.

Tropopauze is een onzichtbare laag op 12 tot 15 km hoogte die het 'deksel' vormt boven de weersontwikkelingen. Wanneer je een grote zomerse onweerswolk ziet met een afgeplatte, aambeeldvormige bovenkant, dan zie je de tropopauze. De tropopauze is het hoogst boven de tropen en het laagst boven de polen.

Troposfeer is de laag lucht onder de tropopauze waar alle normale atmosferische processen (weersontwikkelingen) plaatsvinden. Boven de troposfeer bevindt zich de stratosfeer die geen invloed heeft op de alledaagse weersvoorspellingen.

Verdampingswarmte is de warmte die nodig is om ijs te laten smelten en water te laten verdampen. Wanneer waterdamp condenseert tot water en water ijs wordt, komt de verdampingswarmte weer vrij. Bij vorming van wolken, regen en sneeuw komt er hoog in de lucht dus veel warmte vrij. Voor het idee: verwarm eens een liter water in een pan met het deksel erop totdat het kookt. Neem het deksel eraf en wacht tot al het water is verdampt. De hoeveelheid energie die nodig is om die liter water te laten verdampen is iets meer dan wat een straalkachel per half uur verbruikt. De zon laat enorme hoeveelheden water wereldwijd verdampen waardoor de warmte die hoog in de dampkring wordt afgegeven enorm is. Wanneer ijs smelt levert dat ongeveer een zevende deel van de warmte op die nodig is om water te laten verdampen.

Soorten wolken en conversies

Wolken*

Opmerking: meteorologen werken met afkortingen zoals St, Cu.
Lage wolken zijn **stratus** (St) – nevelige wolk vlak boven de grond of over heuvels en bergen; **cumulus** (Cu) – lage stapelwolken; **stratocumulus** (Sc) – stapelwolken in lagen. Deze wolken bevinden zich op 0–2 km hoogte.

Middelhoge wolken zijn **altostratus** (As) – wolkenlaag die vaak de hele hemel bedekt en vaak samengaat met slecht weer; **altocumulus** (Ac) – rijen en plukken kleine stapelwolken die soms gepaard gaan met donder. Deze wolken bevinden zich op 2–8 km hoogte.

Hoge wolken zijn **cirrus** (Ci) – hoge, vaak vedervormige ijskristalwolken; **cirrostratus** (Cs) – hoge vormloze wolken die vaak de hele hemel bedekken (melklucht), soms slechts zichtbaar door een halo rond zon of maan. Deze wolken bevinden zich op 5–13 km hoogte.

* *Niet alle soorten wolken worden hier beschreven. Voor meer informatie en het bijbehorende weer zie* Het kleine weerboek.

Afkortingen voor klimaatregio's etc.
NH = noordelijk halfrond; ZH = zuidelijk halfrond;
GB = gematigde breedtes; TB = tropische breedtes.

CONVERSIES									
Temperatuurconversie °C/°F									
Temperatuur boven vriespunt									
°C	45	40	35	30	25	20	15	10	5	0
°F	113	104	95	86	77	68	59	50	45	32
Temperatuur onder vriespunt									
°C	-5	-10	-15	-20	-25	-30	-35	-40	-45	-50
°F	23	14	5	-4	-13	-22	-31	-40	-49	-58

Snelheidconversies

1 meter per seconde (m/s) = 2 knoop

1 kilometer per uur (km/uur) = 0,55 knoop

1 knoop = 1,8 km/uur

1 knoop = 0,5 m/s

Lengte- en hoogteconversies

1 mile = 1,6 km	1 km = 0,625 landmijl	1 landmijl = 1,6 km
1 m = 3,3 voet	1 voet = 0,3 m	
1000 voet = 300 m	10.000 voet = 3 km	40.000 voet = 12 km

Drukconversies

1 millibar (mb) = 1 hectopascal (hPa)

1 mb = 0,075 cm kwik   1000 mb = 75 cm kwik

Standaardluchtdruk = 76 cm kwik = 1013 mb

Voorzorgsmaatregelen voor een storm

Houd de weerberichten in de gaten en kijk goed naar de lucht en winddraaiingen. Wanneer er een barometer is, controleer dan of deze gestaag daalt. Je zult misschien niet weten hoe heftig het gaat worden, maar je kunt wel wat maatregelen nemen. Zitten alle ramen en deuren goed dicht? Zit de schoorsteen goed vast? Zo niet, blijf dan uit de buurt van kamers waar deze in kan vallen. Het komt niet vaak voor dat veel wind gepaard gaat met veel regen, maar in de winter kan sneeuwjacht ervoor zorgen dat deuren aan de windzijde niet meer geopend kunnen worden. Houd dus een sneeuwschep klaar wanneer er sneeuw wordt verwacht.

Rondom het huis is het zaak ladders, tuinspullen etc. op de grond te leggen. Haal partytenten weg. Blijven de kliko's staan? Is het nodig de auto of caravan weg te zetten zodat er geen bomen op kunnen vallen? Zijn er voorwerpen die door de wind ongeleide projectielen kunnen worden? Kunnen hekken omwaaien boven op dure spullen die je nog weg kunt halen? Wanneer je tijdens de storm naar buiten moet, blijf dan in de luwte van het huis.

Kom je tijdens het autorijden in storm terecht, stop dan ergens waar geen bomen staan. Let zeer goed op wanneer je een vrachtwagen inhaalt. Vermijd indien mogelijk bruggen en andere hoge wegen. Veerboten blijven bij storm meestal aan de wal. Maar wanneer je toch over zee gaat, heb je dan zeeziektepillen bij je? Wanneer je aan de kust woont, zou de storm dan in staat zijn in combinatie met springtij het land onder water te zetten? Kampeerders aan de kust moeten serieus overwegen om naar het binnenland te vertrekken voor de storm losbarst. Dit is met name aan te raden wanneer de camping op een hoog punt staat.

STORMINDICATOREN	
Wolkenformatie	Toelichting
Cirrus Ci	Langgerekte banen bewolking (foto 3). Afzonderlijke Ci-delen kunnen eruitzien als kleine haken. Ci trekt meestal vlot in westelijke richting. De wind aan de grond neemt in eerste instantie meestal niet meteen toe. Kijk na een paar uur naar de aanwezigheid van:
Cirrostratus Cs	Zon of maan omgeven door een ringvormige halo (foto 4). De wind is in de voorgaande uren gedraaid van west naar zuid en toegenomen (ZH naar noord).
Altostratus As	Zon of maan gaat schuil achter donkere stapelbewolking. Dit gaat vooraf aan regen (of sneeuw). De wind zal zijn aangetrokken.
Nimbostratus Ns	Wolken komen steeds lager en regen (of sneeuw) begint. Wanneer dit voorafgaat aan storm zal de wind inmiddels krachtig zijn, mogelijk zelfs stormachtig.

Na de hier beschreven opeenvolging van gebeurtenissen zal de regen meestal stoppen maar de zware bewolking zal nog een tijdje aanhouden. Na verloop van tijd zal er een gestage (mot)regen vallen terwijl de fronten overtrekken; dit gaat meestal gepaard met winddraaiingen en soms forse windstoten. Stormachtige wind is meestal erg vlagerig met bepaalde periodes dat de wind aantrekt tot stormkracht, gevolgd door weer een minder wind. Op zee zal het zicht verslechteren door stuifwater, motregen etc., met name na een warmtefront. Windkracht 8 komt boven land maar zelden voor, maar tijdens een vlaag kan de wind plaatselijk even windkracht 12 of meer zijn. Of het nou op zee is of aan land, de sterkte van de windvlagen is vergelijkbaar, dus stormschade aan bomen en gebouwen is meestal het gevolg van vlagen.

Wanneer de wind merkbaar afneemt maar er voor de rest weinig verandert, kan het zijn dat je je in het *oog van de storm* bevindt terwijl de kern van het lagedrukgebied over je heen trekt, waarna de wind opnieuw zal aantrekken maar dan vanuit een andere richting.

Foto 4 Ringvormige halo's rond de zon (of maan) zichtbaar als een melkachtige sluier van cirrusbewolking. De halo's voorspellen vaak naderende regen of sneeuw en meestal ook nog storm.

5 Onweersbuien

Zoals volgt uit de celtheorie (zie pp. 21 en 22) kunnen onweersbuien een **enkele** of **meervoudige cel** zijn. Als extra bestaan er ook nog hoge onweersbuien en een nog veel heftigere vorm die **supercel** wordt genoemd. Enkele-cel-onweersbuien veroorzaken korte momenten met donder en bliksem met grote periodes daartussen. Ze komen bijvoorbeeld voor in koudefronten en in rijen regenwolken.

Meervoudige-cel-onweersbuien staan bekend als 'echt' onweer en kunnen urenlang aanhouden. Hoge onweersbuien ontstaan op ongeveer 2,5–3 km (8000–10.000 voet) boven fronten. Supercellen zijn enorme enkele-cel-onweersbuien die tornado's kunnen laten ontstaan en waarbij grote hagelstenen kunnen vallen.

Rollende donder wordt veroorzaakt door reflecties van het geluid van omliggende donderwolken en ook door meerdere bliksemflitsen. Om te bepalen hoever je van de bliksem verwijderd bent, tel je de seconden tussen de flits en de donderklap en deel je het aantal door drie om de afstand in kilometers te schatten (6 sec. betekent een afstand van ca. 2 km). Verwacht geen donder te kunnen horen wanneer het onweer meer dan 16 km ver weg is, alhoewel het onder bepaalde omstandigheden mogelijk is donder te horen op een afstand van 20 km. Als aanvulling kun je donder waarnemen middels *reflectieve transmissie* van de donder. Dit klinkt alsof er grote geweren worden afgeschoten en kan afkomstig zijn van onweer dat meer dan 150 km ver weg is doordat het geluid wordt teruggekaatst door hogere luchtlagen in de atmosfeer.

Soort onweer	Wanneer	Waar	Bliksemvorm en frequentie	Voorafgaand weer	Tijdsduur van het onweer op één plaats	Kans op tornado's	Commentaar
Enkele cel	Hele jaar door. Meest voorkomend in lente en herfst.	Regenachtige luchtstromen en langs koudefronten.	Laag, gevorkt.	Grote regenwolken. Kan winderig zijn. Plotselinge vlagen en hagel bij frontpassage in winter.	Passeert meestal snel – één donderklap en weg is het!	Slechts zelden. Klasse 1 of 2 (zie p. 34)	Instabiele regenachtige luchtstromen achter depressies. Hagelstenen klein, als ze al vallen.
Meervoudige cel	Vooral zomer en herfst (GB). Hele jaar door (TB).	Warme vochtige gebieden in binnenland.	Gemiddeld een paar per minuut. Gevorkt.	Vochtig, weinig wind. Grote Cb-wolken. Stevige vlagen. Sommige onweersbuien komen tegen de wind in opzetten.	Ongeveer een uur of langer – kan urenlang doorgaan.	Soms tot klasse 3 maar niet vaak in de TB.	Typisch het onweer tijdens een zomermiddag in TB. Kleine hagelstenen. Plaatselijke overstromingen.
Hoog onweer	Zoals hierboven.	Rondom warme landmassa's.	Soms zeer veelvuldig – meestal weerlicht maar soms gevorkt.	Verzamelende donderwolken. Warm tot heet, dichtbij. Zwakke tot matige wind, vlagerig.	Meestal uit te drukken in uren.	Vrijwel nihil.	Hagel komt weinig voor, stortbuien mogelijk.
Supercel	In gebieden waar dit voorkomt, van lente tot herfst.	Soms in GB. Vaak voorkomend in gebieden als zuidelijke VS.	Zeer veel en intens. Gevorkt en weerlicht.	Samentrekkende zwarte of zelfs gekleurde wolken. Zeer broeierig. Wind in richting onweer.	Kan samen met de opbouw urenlang aanhouden.	Supercellen leveren tornado's dus wees voorbereid op het risico.	Vaak enorme materiële schade door grote hagelstenen. Kan dodelijk zijn voor mens en dier, zoek goede beschutting. Groot risico op overstromingen. Zware windvlagen.

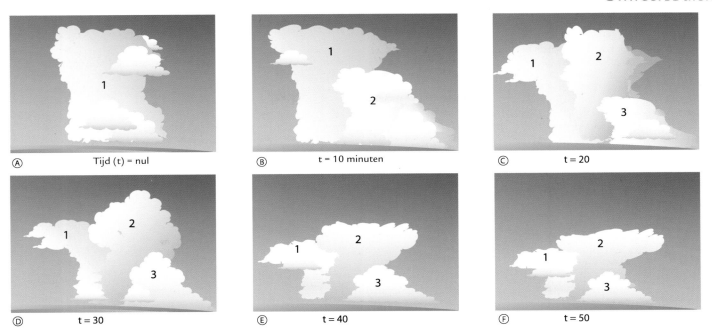

Fig. 4 Een enkele onweerscel veroorzaakt minder dan een halfuur donder en bliksem. Maar onweersbuien kunnen wel urenlang aanhouden. Dit kan worden uitgelegd aan de hand van een voorbeeld van een buienfamilie. Het betreft hier interpretaties van echte foto's van een groep cellen die zich ontwikkelen gedurende een uur. De wind blaast de cellen weg. Bij (A) ontwikkelt zich een grote onweerswolk (1). Deze heeft een knobbelige kop en is dus op zijn actiefst, wat gepaard gaat met bliksem, veel regen en hagelbuien. Tien minuten later (B) is er een dochtercel (2) ontstaan naast de oude cel (1) die een aambeeldvormige kop begint te krijgen. Tien minuten (C) na dit stadium heeft de dochter zelf ook een dochter gekregen (3). Nog eens tien minuten later (D) is (2) door de meest actieve fase gegaan terwijl (3) weinig extra is gegroeid. Bij (E) krijgt cel (2) een aambeeldvormige kop terwijl (3) geen echte onweersbui gaat worden omdat het te laat in de middag is. Uiteindelijk (F) zijn er twee verouderde onweerswolken en een kleindochter (3) en is het onweer voorbij. Dus wanneer de ene cel te oud wordt brengt deze een andere voort om het over te nemen – net als in het leven.

Het is moeilijk om de sterkte van het onweer in te schatten en vaak wordt deze in het weerbericht niet vermeld. Tropische onweersbuien zijn vaak heftiger dan die op gematigde breedtes (GB). Op de Middellandse Zeebreedte kunnen ze regelmatig voorkomen, op sommige plaatsen zelfs tijdens de helft van de zomer en herfstdagen. Op plaatsen in het westelijke en centrale deel van de Middellandse Zee kan op een herfstdag zelfs meer dan 25 cm regen vallen tijdens onweersbuien. In het zuidelijke deel van de VS komen grote onweersbuien het hele jaar door voor met het risico op tornado's.

Zware onweersbuien komen vaker voor in hooggelegen gebieden en kunnen plotselinge overstromingen veroorzaken wanneer het regenwater langs de hellingen naar beneden stroomt. Sla dus voldoende acht op onweer in het binnenland aangezien het water na een tijdje alsnog bij je kan komen (zie p. 48).

Onweersbuien kunnen in kustgebieden ontstaan aan het eind van de dag wanneer de zeewind relatief koele maar vochtige lucht over het opgewarmde land blaast.

Komt het mijn kant op?

Wanneer je de eerste donderslag hoort is de windrichting geen betrouwbare indicator om te zien of het onweer jouw kant op komt. Voor de donderwolken arriveren kun je inschatten in welke richting de middelhoge bewolking (altocumulus/altostratus) zich beweegt. Dit is meestal ook de richting waarin de onweersbui zich beweegt. Onweersbuien kunnen hun eigen wind aan de oppervlakte veroorzaken, omdat de zware regen en hagelbuien de lucht mee naar beneden zuigen, die zich dan onder de onweersbui verspreidt over het aardoppervlak als saus op een bord. Langs de voorste rand werken de heersende wind en de naar beneden meegezogen lucht samen en kunnen daarbij zeer zware windstoten veroorzaken, terwijl aan de achterzijde de twee luchtstromingen elkaar tegenwerken waardoor het er juist rustiger is. Wanneer meerdere onweersbuien elkaar opvolgen ontstaat er een serie van zeer zware windstoten, donder, bliksemflitsen, regen en hagelbuien afgewisseld met rustigere momenten.

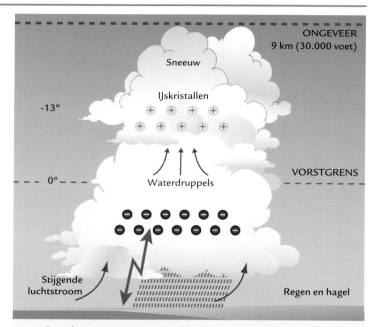

Fig. 5 De opbouw van een onweerscel in de meest actieve fase. Een negatieve lading hoopt zich op in de onderste lagen van de wolk en trekt een positieve lading in de aarde aan, met bliksem tot gevolg.

Foto 5 Een grote onweerswolk dekt de zon af. Daarvoor gebruikt de wolk zijn aambeeldvormige kop en de zware bewolking onderin. Er lijkt nog veel meer bewolking achter aanwezig te zijn, dus het weer zou volledig kunnen omslaan.

Gedonder tijdens onweer gaat altijd gepaard met bliksem, omdat de donder niets anders is dan geluidsgolven die worden opgewekt door het uitzetten van de lucht naast de bliksemschicht. Om bliksem te laten ontstaan moeten onweerswolken zo hoog in de atmosfeer komen dat het −13 °C is en er ijskristallen kunnen ontstaan (fig. 5). In de ijle wolkenatmosfeer bevriezen waterdruppels pas wanneer ze ver onder de 0 °C komen. Sterke stijgende luchtstromingen in onweerswolken, zowel verticaal als onder een hoek, tillen de waterdruppels tot grote hoogtes met snelheden boven de 100 km/uur (30 m/s), wat resulteert in grote hoeveelheden positieve en negatieve lading.

Processen in de wolk, die tot op de dag van vandaag nog steeds niet helemaal worden begrepen, zorgen ervoor dat de basis van de onweerswolken negatief geladen wordt, terwijl er hogerop juist een positieve lading aanwezig is. De negatieve basis wekt een positieve lading op in het aardoppervlak eronder en wanneer de elektrische spanning te groot is wordt het differentiaalverschil ertussen verminderd door de enorme spanningsbogen die we bliksem noemen. Zoals ijskristallen en waterdamp onlosmakelijk verbonden lijken te zijn met het opwekken van elektrische lading in de wolk – iets wat dezelfde voorwaarde is voor het ontstaan van zware regen – zo horen ook regen en/of hagelbuien bij bliksembuien.

Bliksem afleiden en elektrische wind (Sint-Elmusvuur)

Wanneer je een elektrisch geladen puntvormig metalen voorwerp hebt, zal het de lading zeer snel kwijtraken. Bliksemafleiders worden geplaatst op dergelijke puntvormige objecten en via dikke koperen kabels met de aarde verbonden zodat de spanning gelijk is aan die van de aarde onder de onweerswolk. Dit zorgt voor een *elektrische wind* van positief geladen ionen die vanaf de bliksemafleider naar de wolk erboven stroomt. In de wolk komen de positieve ladingen bij de negatieve ladingen en verlagen zo het potentiaalverschil. Dit kan een blikseminslag voorkomen. Wanneer er toch een inslag plaatsvindt dan biedt de afleider een pad naar de aarde.

Voorzorgsmaatregelen

Om niet te worden getroffen door de bliksem kun je het beste binnenshuis of in een auto schuilen. Wanneer je in het open veld staat kun je getroffen worden, zeker wanneer je een paraplu opsteekt of bijvoorbeeld golfstokken bij je draagt. Wanneer je niet tijdig goede beschutting kunt vinden neem dan de houding aan zoals verderop beschreven bij 'Bliksem in de bergen'. Geloof niet dat je veilig bent omdat het onweer nog niet boven je hangt. Bliksem kan kilometers verder weg inslaan dan waar de onweersbui hangt. Bliksem kan letterlijk *uit het niets* komen. Zulke *droge* inslagen lijken een veel grotere kracht te hebben dan die tijdens de regen.

Schuilen onder grote loofbomen zoals eiken kan gevaarlijk zijn, maar groepjes coniferen worden zelden geraakt. Men denkt dat dit komt door de vorm van de naalden.

Isoleer thuis de tv-buitenantennekabel door deze los te koppelen. De tv en computer kunnen een modem hebben dat is verbonden met telefoonkabels. Maak de aansluiting los wanneer er geen beveiliging is ingebouwd. De bliksem hoeft niet in het huis te slaan om toch schade te veroorzaken: inslagen in de buurt kunnen een elektrisch veld opwekken en het elektrisch systeem beïnvloeden. Beveiligingen tegen blikseminslag moeten worden opgenomen in bedrading naar kwetsbare apparatuur zoals tv's en computers.

Zorg voor zover mogelijk dat de dieren veilig zijn. Kuddes schapen en koeien zijn gevoelig voor bliksem omdat de bliksem kan overslaan van dier naar dier, met dood en verwondingen tot gevolg. Zet paarden op stal en houd katten en honden binnen.

Wanneer je een jacht hebt is het zaak een bliksemafleider te plaatsen die ruim boven antennes en andere uitstekende voorwerpen in de top van de mast uitsteekt. Dit is met name belangrijk voor jachten waarvan de mast op het dek staat. Blijf uit veiligheidsoverwegingen uit de buurt van verstaging of metalen dekbeslag zoals lieren.

Foto 6 Een onweersbui boven McLean's Ridge, New South Wales, Australië. De gevorkte bliksem wordt vergezeld door weerlicht als gevolg van ontladingen tussen de wolken onderling. FOTO: MICHAEL BATH

Soorten bliksem

Gevorkte bliksem komt vrijwel uit het niets. Voorafgaand aan een inslag bouwt zich in meerdere stappen (soms wel 40 of meer) een onzichtbaar geleidend kanaal op met een snelheid van ca. 160 km/seconde van de wolk naar de grond. Dan schiet de bliksem (terugslag, hoofdontlading) die je uiteindelijk ziet van een relatief kleine afstand boven de grond via het geleidende kanaal naar de wolk erboven om deze te ontladen. Wanneer de wolkbasis hoog hangt kan bliksem van wolk naar wolk gaan over grote afstand, vrijwel horizontaal onder de wolken.

Weerlicht is eenvoudigweg de reflectie van bliksem die tussen de wolken plaatsvindt (zie foto 6). Omdat de bliksem niet naar de grond komt wordt deze bliksem nog altijd als ongevaarlijk beschouwd. Maar ook wanneer er vooral weerlicht voorkomt kunnen zware inslagen naar de aarde plaatsvinden, zoals zichtbaar op de foto!

Weerlicht komt meestal voor bij hoge onweersbuien en kan van vele kilometers verder weg worden gezien dan tot waar het geluid kan komen. Het schouwspel is vaak fascinerend. Maar wanneer je donder hoort is het zaak om actie te ondernemen.

In tropische stromen komen meervoudige inslagen (mogelijk 5 of meer) veel vaker voor. En ook in de tropen ontladen onweerswolken zich veel vaker, met een gemiddelde van 80 dagen per jaar in tegenstelling tot 20 dagen per jaar in Zuid-Engeland, het meest actieve onweersgebied van heel Engeland.

Bolbliksem: na een krachtige bliksemslag (meestal aan het eind van een onweersbui) vormt zich soms een gloeiende bal iets boven de grond. De bal varieert in grootte tussen een paar centimeter tot tientallen centimeters in diameter, heeft een blauwachtig witte kleur en schijnt te worden aangetrokken tot kamers. Er zijn verhalen bekend dat zo'n bolbliksem via de schoorsteen naar binnen kwam in de woonkamer. De bal explodeert zodra deze met een metalen voorwerp dat geaard is, zoals een fornuis, in aanraking komt. In de openlucht rolt de bolbliksem met lage snelheid rond en kan dus worden ontweken. Probeer de bolbliksem niet aan te raken, ook niet wanneer je dichtbij staat.

Bliksem in de bergen

Onweersbuien komen in berg- of heuvelachtige gebieden vaker voor dan in laaggelegen gebieden en dan meestal, zoals overal, in de namiddag. Om te ontstaan hebben ze rustig, warm weer nodig in de ochtend. Op de breedte van de Middellandse Zee ontstaan ze vaak en kunnen behoorlijk heftig zijn, met name aan de oostzijde van de Middellandse Zee en in de Balkanlanden ten noorden ervan.

Blikseminslag is het grootste gevaar in de bergen. Directe aanwijzingen voor het elektrisch opladen van de atmosfeer zijn onder meer een tintelend gevoel op je hoofdhuid en een vervelend, eng gevoel in je lijf. Je kunt Sint-Elmusvuur zien – een blauw licht dat flikkert rond de uiteindes van stokken – wat aangeeft dat een blikseminslag elk moment kan plaatsvinden.

Wanneer een inslag plaatsvindt gaat er stroom lopen in de grond. Inslagen vinden meestal plaats op bergtoppen, rotspunten en hoger gelegen uitsteeksels. Dus ondanks dat het verleidelijk is om te gaan schuilen onder een overstekende rots is het gevaarlijk, omdat de stromen in de grond van inslagen boven je de neiging hebben om dan door je heen te lopen. Dus ondanks dat je jezelf waarschijnlijk blootstelt aan wind en regen, is het beter om gehurkt te gaan zitten op relatief vlakke ondergrond, op afstand van de plaats waar de vlakke ondergrond in rotswand overgaat. Vermijd alles wat geïsoleerd is en omhoogsteekt. Wanneer je met touwen werkt, zorg er dan voor dat je niet vastzit aan een touw dat nog van boven naar beneden aan de rotsen hangt.

Foto 7 Wanneer een onweersfront nadert nemen de wolken vaak vreemde vormen aan. Hier vliegt een buizerd in de onstabiele lucht die de lange strepen altostratusbewolking veroorzaakt. Je hoort de donder misschien nog niet, maar dat zal niet lang meer duren.

In de tropen (tussen ongeveer 24°N en 24°Z) leidt warmte van de oceaan tot het ontstaan van grote tropische stormen (Tropical Revolving Storm, TRS). Deze hebben verschillende namen op verschillende gebieden op aarde. Stormen vergelijkbaar met tropische stormen ontstaan ook in de Middellandse Zee, maar slechts één keer in de tien tot twintig jaar.

Orkanen

Ook wel *hurricanes* genoemd. Deze ontstaan meestal bij de Kaapverdische Eilanden voor de kust van Afrika als *tropische depressies*. Wanneer ze aan kracht winnen worden het *tropische stormen*, iets wat meestal binnen twee dagen gebeurt. Wanneer ze zich verder ontwikkelen en de windsnelheden boven de 120 km/uur komen worden ze geclassificeerd als *orkanen*. Ze bewegen zich in west- tot noordwestelijke richting en winnen energie uit de warmte van het wateroppervlak en uit de vrijkomende warmte wanneer wolken en regen ontstaan. Ze hebben een vrij centrum – het oog – (zie foto 8) waarin de wind relatief zwak is, omgeven door draaiende wind die in snelheid toeneemt tot vlagen boven 180 km/uur.

De sterkte van een orkaan wordt gegeven door de Saffir Simpson-schaal die alleen van toepassing is op orkanen in de Noord-Atlantische Oceaan en de Noord-Pacific ten oosten van de datumgrens. De schalen die elders worden toegepast lijken er echter veel op.

Stormvloed De invloed van de wind op het water leidt tot een hogere waterstand langs de kust. De vloed die ontstaat onder invloed van een bepaalde categorie orkaan is als volgt ingedeeld:

Cat. 1 = 1,2–1,5 m (4–5 voet) Cat. 2 = 1,8–2,4 m (6–8 voet)
Cat. 3 = 2,7–3,7 m (9–12 voet) Cat. 4 = 4–5,5 m (13–18 voet)
Cat. 5 = meer dan 5,5 m (meer dan 18 voet)

Naam	Locatie	Seizoen	Kenmerken
Orkanen (hurricanes)	Noord-Atlantische tropische wateren, Centraal-Amerika, Caribisch gebied, Golf van Mexico, zuidelijke VS.	Mei tot oktober.	Veel schade doordat ze in dichtbevolkte gebieden huishouden. Windsnelheden tot 200 knoop. Levensduur dagen of weken.
Tyfoons	Noordwest-Pacific	Mei tot november. Soms zelfs in de wintermaanden.	Per seizoen zijn er meer tyfoons dan orkanen.
Cyclonen	Indische Oceaan inclusief de Perzische Golf, Oost-Afrika, Maleisië, Noord-Australië, Micronesië en Polynesië.	December tot april.	Veel doden in laaggelegen gebieden als Bangladesh.
Willy-willies	Noord-Australië, Filippijnen etc.	December tot april.	Plaatselijke naam voor cyclonen.

Voor wie een bezoek brengt aan of woont in kustgebieden waar orkanen kunnen voorkomen, is de vloed door de orkaan misschien wel het meest ingrijpende gevolg, wat meestal gepaard gaat met evacuatie naar het binnenland. In 1899 veroorzaakte de Bathurst Bay-orkaan in Australië

Foto 8 Orkaan Andrew boven de Golf van Mexico om 8.20 uur (GMT) op 25 augustus 1992, een van de meest vernietigende orkanen in de geschiedenis van de VS. Let op het oog en de wolkenflarden die eromheen cirkelen. Geen enkele normale depressie ziet er zo symmetrisch uit. FOTO MET TOESTEMMING VAN NASA

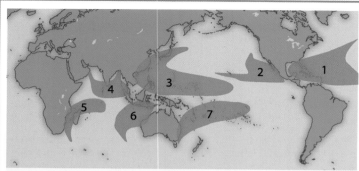

Fig. 6 TRS-gebieden in de wereld: **1** Atlantisch bekken – orkanen; **2** Noordoost-Pacificbekken – orkanen; **3** Noordwest-Pacificbekken – tyfoons; **4** Noord-Indisch bekken – cyclonen; **5** Zuidwest-Indisch bekken – cyclonen; **6** Zuidoost-Indisch/Australisch bekken – cyclonen; **7** Zuidwest-Pacificbekken – cyclonen.

ORKAANSTERKTE		
Categorie	Sterkste vlagen	Effecten
1	Minder dan 120 km/uur	Schade aan sommige gewassen, bomen, caravans.
2	120–170 km/uur	Grote schade aan gewassen, geringe structurele schade. Kleine vaartuigen slaan los.
3	170–220 km/uur	Structurele schade, o.a. aan daken. Waarschijnlijk problemen met elektriciteit.
4	220–280 km/uur	Gevaarlijk rondvliegende voorwerpen. Grootschalige problemen met elektriciteit.
5	Meer dan 280 km/uur	Grootschalige schade. Grote overstromingen aan de kust.

(cycloon Mahina) een stormvloed die zo hoog was dat dolfijnen en vissen werden aangetroffen op 15 meter hoge kliffen.

Tropische stormen brengen windsnelheden tussen 63 en 117 km/uur en een waterverhoging van minder dan een meter, tropische depressies blijven onder de 62 km/uur en hebben een zeer geringe waterverhoging tot gevolg.

De meeste orkanen raken het Caribisch gebied en de omliggende landen en eilanden, maar sommige steken het Yucatan-schiereiland over en bedreigen de westkust van Centraal-Amerika met orkaanomstandigheden in vakantieparadijzen als Acapulco. Het grootste deel van de schade wordt veroorzaakt door de wind, maar in kustgebieden is het de stormvloed die het meest gevaarlijk is en het grootste aantal doden eist. Orkanen verliezen snel aan kracht wanneer ze aan land komen, maar vormen dan nog steeds een groot gevaar voor het binnenland. Orkaan Katrina (2005), die de kustbescherming van New Orleans vernietigde, veroorzaakte een schade van meer dan 81 miljard dollar.

Op het moment dat orkanen de Golf van Mexico en land aan de oostkant van de Verenigde Staten bereiken, hebben ze de neiging om van koers te wijzigen waardoor ze helemaal niet aan land komen. Wanneer ze dan opnieuw de Noord-Atlantische Oceaan oversteken in de richting van Atlantisch Europa nemen ze in kracht af en verworden tot depressies, maar in de herfst kunnen ze dan nog steeds harde tot stormachtige wind veroorzaken en iets laten merken van hun tropische achtergrond.

Tyfoons

Tyfoons zijn TRS die voorkomen in het Noordwest-Pacificbekken en kunnen heftiger zijn dan orkanen. Ze raken China, Japan en omringende landen en eilanden in die regio. De tyfoons ontstaan uit groepen onweersbuien boven zeewater met een temperatuur van 27 °C of meer. Passaatwind zet aan tot rotatie terwijl opstijgende lucht de druk erboven verlaagt waardoor de tyfoon in kracht toeneemt. De tropische depressie groeit soms binnen een paar uur uit tot tyfoon, maar het kan ook een paar dagen duren.

Cyclonen

Dit zijn de orkanen van de West-Pacific. Ze raken Papoea-Nieuw-Guinea, Micronesië en Polynesië en kunnen zo zuidelijk als Nieuw-Zeeland komen. Wanneer het El Niño-fenomeen neutraal is in de westelijke gebieden, komen cyclonen meer voor, terwijl ze minder vaak voorkomen bij eilandengroepen verder naar het oosten.

Het stadje Darwin in Australië werd op kerstochtend 1974 getroffen door cycloon Tracy; 65 mensen vonden de dood en 70 procent van de huizen werd vernield of beschadigd.

Voorzorgsmaatregelen bij tropische stormen

Houd tijdens het orkaanseizoen ter plaatse het nieuws goed in de gaten zodat je waarschuwingen en adviezen meekrijgt. Je zal vooraf wat maatregelen moeten treffen. In extreme gevallen zal het hele kustgebied moeten worden geëvacueerd. Heb je in zo'n geval de belangrijkste zaken op orde?

Evacuatie Tenzij de storm al dagen van tevoren wordt aangekondigd, zal het je waarschijnlijk niet lukken om per vliegtuig weg te komen. Het beste kun je dan de auto inladen en naar een tijdelijke verblijfplaats in het binnenland rijden, wanneer het erop lijkt dat de TRS jouw omgeving zal treffen. Heb je een goede wegenkaart van het gebied? Heeft de tijdelijke verblijfplaats stevige luiken voor de ramen? Is het een degelijk gebouw? Aanhangers zijn dodelijk bij wind met orkaankracht.

Wanneer je een huisdier hebt zul je het mee moeten nemen (tenzij je het ergens veilig kunt onderbrengen), inclusief eten en drinken voor de komende dagen. Wanneer je bescherming zoekt in openbare opvangplaatsen in de VS, vergeet dan niet dat huisdieren niet zijn toegestaan.

Noodzakelijke uitrusting Vergeet niet dat wanneer er gevaar dreigt, mensen in paniek gaan inslaan en de winkels snel leeg zullen zijn. Drinkwater in flessen is noodzakelijk, maar zorg ook voor plastic flessen met water om mee te wassen. Maak een lijst met noodzakelijke uitrusting zoals een campingbrandertje, waterbestendige lucifers of een aansteker, een ketel en bakpannen (plus iets om ze schoon te maken). Ingeblikt eten, chocolade en mueslirepen houden je op de been, zelfs wanneer er bijna geen vers voedsel te krijgen is. Aangezien er waarschijnlijk ook stroomstoringen optreden zijn zaklantaarns, olielampen, een radio op batterijen en reservebatterijen nodig. Zorg ook voor een verbanddoos, beddengoed, regenkleding, stevige kleren en voldoende wc-papier. Een rol vuilniszakken kan erg handig zijn. Neem geld op zodat je niet afhankelijk bent van pinautomaten.

Kinderen zul je, waar je ook bent, moeten bezighouden wanneer het te gevaarlijk is om naar buiten te gaan. Neem een digitale camera, spelletjes, een pak kaarten, puzzelboeken, tekenpapier met potloden en stiften en het favoriete speelgoed mee.

Verzekering Wanneer je bezittingen hebt in een gebied waar veel stormen voorkomen, controleer dan je verzekering – het is bijvoorbeeld in de VS niet standaard dat je verzekerd bent tegen overstromingsschade, zodat je daarvoor vooraf een polis moet afsluiten. Wanneer je huurt kun je misschien een huurverzekering afsluiten. Bedenk wanneer je op vakantie of op zakenreis bent waar je naartoe kunt gaan wanneer het hotel of appartement ernstig wordt beschadigd of overstroomt. Heb je dan een plan B?

Tornado's zijn verwoestende wervelstormen, vaak zeer plaatselijk, die onder de juiste omstandigheden overal kunnen voorkomen. Er zijn echter gebieden waar ze vaker voorkomen dan elders. Het meest tornadogevoelige gebied is *Tornado alley*, een gebied in de zuidelijke staten van de VS, waar tornado's erbij horen. Waterhozen zijn een soort kleine tornado's boven water.

Hoe tornado's ontstaan

Tornado's ontstaan in combinatie met cumulonimbuswolken terwijl er een sterke omhooggaande luchtstroom bestaat. Donder kan ook voorkomen. Samenspannende wind bij de grond speelt ook een belangrijke rol bij het ontstaan van krachtige tornado's. De sterkere tornado's komen voort uit *supercellen* (zie p. 20). De zwakkere tornado's komen meestal voor bij scherpe koudefronten waarin plotselinge windschiftingen voorkomen (zie tabel op p. 34).

Zwak is de algemene beschrijving voor T0–T3 (F0–F1) en in Europa en gematigde breedtes komt maar zelden een sterkere tornado voor. In Engeland komen wel veel tornado's voor, maar ze zijn zwak en groeien maar zelden tot sterkte T4 (F3). De Birmingham-tornado van donderdag 28 juli 2005 veroorzaakte voor miljoenen ponden aan schade en was een van de sterkste tornado's van de afgelopen tijd in Engeland, maar was toch niet sterker dan T4.

Tornado's komen niet alleen in de zomermaanden voor. De twee tornado's die een groot deel van het kuststadje Selsey in Sussex beschadigden in 1998 en 2000 kwamen voor in oktober en januari. Tijdens de eerste werd 25 procent van Selsey verwoest of beschadigd.

Sterk duidt op T4 tot T7 (F2–F3), zoals vaak voorkomt in Tornado Alley bij de Great Plains (groot prairiegebied) in het zuiden van de VS tussen de Rocky Mountains en Allalachians, inclusief de riviervalleien van Mississippi, Missouri en Ohio. Hier heersen bijzondere omstandigheden waaronder warme

vochtige lucht uit de Golf van Mexico, hete droge lucht van de Rocky Mountains op 3000 voet (915 m) en een sterke oostenwind op 10.000 voet (3048 m). Supercel-onweersbuien horen er ook bij en tegengestelde wind zorgt voor rotatie. In de wolk vormt zich een mesocycloon die zich als een trechtervormige slurf naar beneden beweegt. In het begin is dit soms nauwelijks zichtbaar. Wanneer de slurf de grond raakt kleurt deze donker van stof en vuil. Sommige tornado's ontwikkelen zich zo snel dat er vooraf (vrijwel) geen tekenen zichtbaar zijn. De meeste verschijnen aan de achterkant van een supercel. Het is normaal dat er net voordat een tornado toeslaat een onnatuurlijke stilte heerst.

De bewegingssnelheid ligt ergens tussen de 50 en 115 km/uur en sommige tornado's zijn wel anderhalve kilometer breed.

Extreme tornado's zijn T8 (F4–F5) en hoger. Zulke tornado's zijn gelukkig zeldzaam. De Jefferson County Al-tornado van 8 april 1998 kostte 30 mensen het leven en honderden raakten gewond. Deze wordt gezien als de krachtigste tornado ooit en is ingedeeld in categorie F5.

Voorzorgsmaatregelen bij tornado's

Wanneer je een trechtervormige wolk ziet ontstaan, beschouw deze dan als een mogelijke tornado en reageer er ook zo op. Veel trechterwolken raken echter nooit de grond. Trechterwolken die het wateroppervlak bereiken vormen waterhozen. Dit kan gevaarlijk zijn voor kleine vaartuigen. Waterhozen die echter ontstaan als een tornado van land naar zee beweegt, kunnen verwoestend zijn. Koude lucht stromend over relatief warm water, en mogelijk

Foto 9 Een klassieke tornado beweegt zich over de grond binnen een wolk van rotzooi (horizon linksonder). De zwarte paddenstoelvormige wolk van waaruit de tornado komt, is kenmerkend voor de supercellen die dit soort monsters voortbrengen. FOTO: MIKE HOLLINGSHEAD

INTERNATIONALE TORNADOINTENSITEIT-(T)-SCHAAL			
Intensiteit	Beschrijving	Gevolgschade	Windsnelheid
T0	Licht	Klein zwerfvuil vliegt omhoog, spoor zichtbaar aan beschadigde twijgen en begroeiing.	17–24 m/s (61–86 km/uur)
T1	Mild	Rommel vliegt omhoog, houten hekken waaien om, dakpannen vallen, geringe schade aan bijgebouwen.	25–32 m/s (90–115 km/uur)
T2	Matig	Caravans waaien om, daken van garages en schuren kapot, veel schade aan dakpannen en schoorstenen, kleine bomen ontworteld.	33–41 m/s (119–148 km/uur)
T3	Sterk	Campers waaien om, garages etc. vernield, grotere bomen beschadigd of ontworteld, omhoogvliegende voorwerpen, muren waaien om, sommige gebouwen schudden.	42–51 m/s (151–184 km/uur)
T4	Zwaar	Auto's en campers worden opgetild, volledige daken gaan eraf, afval wordt twee kilometer verder weer neergegooid, grote bomen ontworteld en verplaatst.	52–61 m/s (187–219 km/uur)
T5	Intens	Zware voertuigen worden opgetild, daken en stenen waaien weg, spullen worden uit huizen gezogen, oudere gebouwen kunnen instorten, telegraafpalen breken af.	62–72 m/s (223–259 km/uur)
T6	Matig verwoestend	Forse schade aan sterke huizen, bakstenen vliegen als projectielen rond, kleine bouwwerken worden opgetild.	73–83 m/s (263–299 km/uur)
T7	Sterk verwoestend	Bakstenen en houten huizen worden vernietigd, stalen constructies raken zwaar beschadigd, veel rondvliegende zware voorwerpen.	84–95 m/s (302–342 km/uur)
T8	Zwaar verwoestend	Auto's vliegen door de lucht, meeste huizen verwoest, gevaar door veel zware rondvliegende voorwerpen.	96–107 m/s (345–385 km/uur)
T9	Intens verwoestend	Huizen met een stalen frame worden verwoest, treinen vliegen een stukje door de lucht, overleven afhankelijk van ondergrondse schuilkelders.	108–120 m/s (389–432 km/uur)

DE FUJITA-SCHAAL (F-SCHAAL)
Deze schaal is minder wetenschappelijk dan de T-schaal, maar wordt in Amerika gebruikt.
F0 Kleine tornado, zie T0 en T1
F1 Middelgrote tornado, zie T2 en T3
F2 Vrij grote tornado, zie T4 en T5
F3 Zware tornado, zie T6 en T7
F4 Zeer zware tornado, zie T8 en T9

een eiland of ander hooggelegen land aan de windzijde, kan waterhozen veroorzaken die aan land komen.

In de VS waarschuwt NOAA Weather Radio voor tornadorisico. Wanneer naderende stormwolken donker of groenig van kleur zijn, wees dan op je hoede. Begint het te regenen met veel onweer, bereid je dan voor op forse hagelstenen. Speur de horizon af naar de kenmerkende slurf. Wanneer ze plotseling komen, laten tornado's een luid gebrul horen. Hopelijk bevind je je in een veilige ruimte zoals een schuilkelder. Wanneer zoiets niet aanwezig is, ga dan naar de laagst gelegen plek in huis en houd zoveel mogelijk muren tussen jezelf en buiten. Blijf weg van ramen en deuren, en houd ze gesloten. Ga, indien mogelijk, onder een stevige tafel zitten.

Zit je in de auto of in een camper, stap dan tijdig uit zolang het nog kan en zoek beschutting in een (als het even kan stalen) gebouw. Met name in een caravan of een camper ben je zeer kwetsbaar. Een poging om de tornado al rijdend in de auto te ontwijken lukt vaak niet omdat de kronkelende koers onvoorspelbaar is.

Wanneer je buiten bent en geen goede schuilplaats kunt vinden, ga dan plat liggen in een greppel, maar houd er rekening mee dat deze kan vollopen met water. Schuil niet in de luwte van een muur of een gebouw – dit kan boven je

Foto 10 De restanten van een huis in Moore, Oklahoma, nadat een tornado het op 7 mei 1990 heeft geraakt. Ongeveer 1500 huizen werden verwoest en 41 mensen vonden de dood in het getroffen gebied. Het was de meest dodelijke tornado in Oklahoma sinds 50 jaar. FOTO MET TOESTEMMING VAN NOAA

instorten. Vermijd schuilplaatsen onder bruggen of viaducten. Controleer of de plek die je hebt gekozen relatief veilig is voor rondvliegende voorwerpen.

Opmerkelijke tornado's in de VS

De meeste doden door tornado's vielen voor de 20ste eeuw, omdat er nog geen waarschuwingssystemen of gecoördineerde evacuaties bestonden. De meest dodelijke tornado-uitbraak van de huidige tijd vond plaats op 18 maart 1925. Deze gebeurtenis kreeg de naam Tri-States Tornado's en kostte 747 mensen het leven, 2027 mensen raakten gewond. Een tornado legde 350 km af van Ellington, Missouri naar Princeton, Indiana.

De Flint (Michigan)-tornado van 8–9 juni 1953 was de laatste enkelvoudige tornado die meer dan 100 mensen (115) doodde. De uitbarsting bewoog naar het oosten naar Centraal-Massachusetts – waar nog eens 94 mensen omkwamen en 4000 gebouwen werden beschadigd of verwoest.

Bij de zogenaamde Super Outbreak van 3–4 april 1947 raasden 148 tornado's door 13 staten in Zuid- en Middenwest-Amerika. Meer dan 350 mensen kwamen om en er ontstond voor meer dan 600 miljoen dollar schade.

Op 8 april 1999 trokken 70 tornado's over Texas, Oklahoma en Kansas. Dit wordt gezien als de grootste en meest kostbare uitbraak van tornado's ooit, met een prijs van 45 doden en 1,2 miljard dollar schade.

Opmerkelijke tornado's in de rest van de wereld

De westkust van het Zuidereiland van Nieuw-Zeeland wordt gezien als een tornado-hotspot door de vele onweersbuien en de invloed van de Nieuw-Zeelandse Alpen. Op 10 maart 2005 trok een 400 meter brede tornado een spoor van 4,5 km, waarbij Greymouth werd verwoest en voor miljoenen aan schade ontstond. Soortgelijke gebeurtenissen vonden plaats in maart 2001 en juni 2003 en gedurende de jaren 2000–2007 waren er zeven van dit soort tornado's.

Het aantal tornado's in Europa is veel kleiner dan dat van de VS, wat voornamelijk wordt veroorzaakt door de barrière van de Alpen. Tegenover elke 30 tornado's in Iowa staan er 10 in Engeland en slechts 2 of 3 in Oostenrijk. Deze zijn ook veel zwakker, meestal F1 of F2.

De Londense tornado van 23 oktober 1091 wordt gezien als de eerst bekende en sterkste Engelse tornado, alhoewel de Southsea-tornado in Hampshire van 14 december 1810 ook de sterkste kan zijn. De sterkste Europese tornado is mogelijk de uitbraak Seine-Maritime van 19 augustus 1845 waarbij meer dan 200 slachtoffers vielen. Meer dan 500 doden vielen bij de Sicilië-tornado van december 1951. Tussen 24–25 juni 1967 waren er verwoestende uitbraken boven Frankrijk, België en Nederland met meer dan 15 doden. In 2006 waren er uitbraken in West-Europa met 2 doden en ca. 60 gewonden tot gevolg.

Vrijwel alle regen begint als sneeuw. In wolken die op een hoogte komen waar de temperatuur lager is dan −13 °C vormt zich bovenin sneeuw. Deze vlokken vallen en smelten tot regendruppels. Wanneer de temperatuur aan de grond niet veel hoger is dan het vriespunt smelten de vlokken niet en valt er sneeuw.

Sneeuwvlokken hebben een oneindig aantal vormen, maar ze zijn altijd zeshoekig. Dit komt door de moleculaire opbouw van waterdamp waaruit de vlokken ontstaan. Watermoleculen bevriezen tot zeszijdige ijskristallen en hoe 'natter' de wolk, hoe groter de vlokken.

Het kan warm en vochtig zijn voorafgaand aan een zomerse onweersbui, maar boven in de onweerswolk kan de temperatuur dalen tot −50 °C en het sneeuwvormingsproces is zeer sterk. Hierdoor ontstaan enorme vlokken die smelten tot veel enorme regendruppels. Deze zogenaamde *onweersdruppels* worden steeds groter doordat ze elektrisch worden geladen.

Aanhoudende sneeuwval

Wanneer warmtefronten en occlusies vastlopen op lucht die aan de grond op of onder het vriespunt is, krijg je aanhoudende sneeuwval. Vaak verdampt lichte regen voordat deze de grond bereikt. Wanneer het echter koud is, valt er sneeuw uit wolken waaruit geen regen zou vallen wanneer het warmer was, omdat de vlokken niet smelten tijdens de val. Vandaar dat het voorspellen van sneeuw een nachtmerrie is voor een meteoroloog. Wanneer het een beetje regent hoor je niemand, maar wanneer er een beetje sneeuw valt worden mensen bezorgd.

Aanhoudende sneeuwval treedt ook op wanneer een koude, vochtige luchtstroom wordt opgetild door een heuvel of berghelling. Zelfs relatief geringe hoogteverschillen aan de grond kunnen plaatselijk behoorlijk zware sneeuwval veroorzaken, terwijl er dicht in de buurt weinig of geen sneeuw valt.

De zwaarste sneeuwval treedt op wanneer een klein laag ergens binnentrekt of wanneer een occlusiefront langzamer gaat bewegen. Zulke lagedrukgebieden zijn moeilijk te voorspellen.

Onderbroken sneeuwval

Wanneer sneeuwbuien verschijnen of wanneer er gaten ontstaan in de wolkenlaag, krijg je onderbroken sneeuwval. Sneeuwbuien kunnen aanhoudend lijken doordat de gaten ertussen gevuld worden met vlokken die rustig naar beneden dwarrelen.

In de winter is de zee vaak relatief warm in vergelijking met de lucht erboven. Dit is een instabiele situatie waardoor sneeuwbuien ontstaan die veel sneeuwval kunnen brengen in kustgebieden die in de wind liggen. Wanneer de buien verder het binnenland in schuiven stopt de sneeuwval meestal.

De wind verandert matige sneeuwval vaak in zware sneeuwval doordat de sneeuw gaat stuiven en er op de wegen sneeuwduinen ontstaan.

Voorzorgsmaatregelen voor sneeuw

Wees niet verrast wanneer de sneeuw niet valt op het moment dat deze is voorspeld of dat er juist meer of minder valt dan verwacht. Sneeuw is moeilijk te voorspellen op korte termijn. Wanneer er kans is op sneeuwval, ga dan niet de weg op en als het echt niet anders kan vermijd de kleinere wegen zo veel mogelijk. Strooien en sneeuwschuiven wordt eerst op de hoofdwegen gedaan. Ook heb je meer kans om te worden geholpen wanneer je vastraakt op een hoofdweg dan op een kleine weg.

Wanneer je op reis moet, neem dan naast de spullen die je normaal in de auto hebt liggen ook warme kleren, laarzen en een schep mee. Zorg voor een volle tank brandstof zodat je wanneer je vast komt te zitten gedurende lange tijd de motor kunt laten draaien om warm te blijven. Wanneer je dat doet, zorg er dan voor dat de uitlaat vrij is van sneeuw omdat je anders aan koolmonoxidevergiftiging kunt overlijden. Je zult mogelijk ook eten en drinken nodig hebben – en neem ook wat mee voor de hond.

Tijdens zware sneeuwval zijn automobilisten omgekomen omdat ze uit hun auto stapten om beschutting te gaan zoeken, klimmend over diepe sneeuwduinen. Doe dit alleen wanneer het echt niet anders kan. En schat in

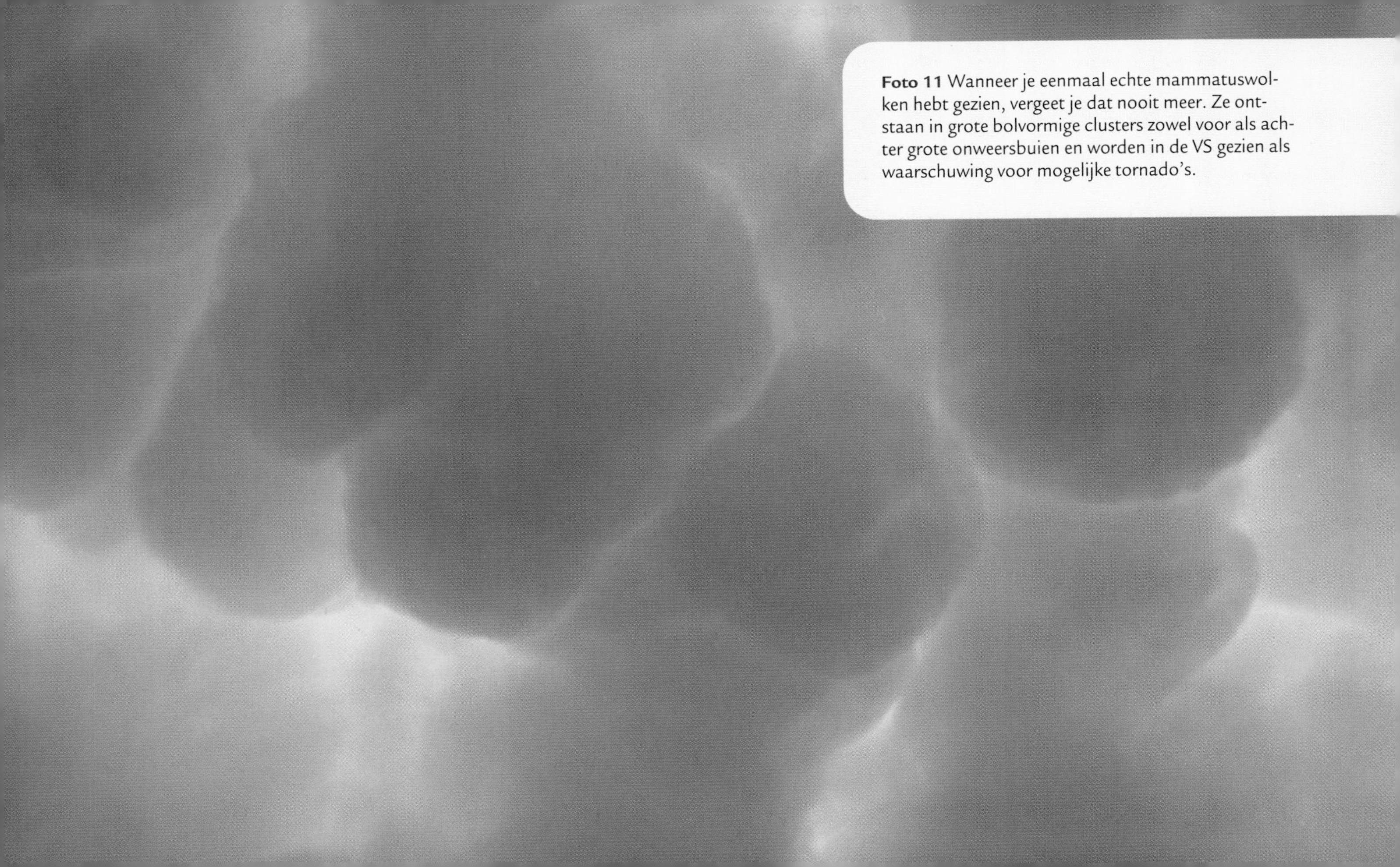

Foto 11 Wanneer je eenmaal echte mammatuswolken hebt gezien, vergeet je dat nooit meer. Ze ontstaan in grote bolvormige clusters zowel voor als achter grote onweersbuien en worden in de VS gezien als waarschuwing voor mogelijke tornado's.

bergachtige gebieden ook het lawinegevaar goed in.

De richting waarheen je reist en de windrichting hebben invloed op de kans de slechtste omstandigheden van de sneeuwval te vermijden. Sneeuwwolken hebben de neiging om in rijen te bewegen. Neem eens aan dat de sneeuwwolken met een snelheid van 40–60 km/uur bewegen en redelijk parallel aan de door jou gekozen route drijven, dan rij je dus in dezelfde richting (bijvoorbeeld op de snelweg) en blijf je veel langer onder deze wolken dan wanneer je de andere kant op zou gaan. Sterker, wanneer je de andere kant op zou rijden kun je de snelheid van de wolken nog eens optellen bij je eigen snelheid en was je er nog veel eerder onder vandaan. Maar verwacht dan wel meer sneeuw voordat het opklaart.

Wanneer de wind vooral van opzij komt en het waait, is afsluiting van de weg door vorming van sneeuwduinen het grootste probleem. Sneeuwjacht in open gebieden met weinig verkeer vormt een serieus gevaar.

Plaats thuis de scheppen en sneeuwschuiven in de luwte van het huis. Opgewaaide sneeuw kan het onmogelijk maken deuren aan de windzijde te openen. Pas op met grote ladingen sneeuw die van het dak kunnen vallen, vooral wanneer het begint te dooien na een vorstperiode. Houd indien mogelijk een voorraad zand of strooizout paraat om gladheid rondom het huis te bestrijden.

Nachtelijke sneeuwval

Nachtelijke sneeuwval veroorzaakt de grootste problemen. Er zijn weinig sneeuwschuivers en strooiwagens actief en de temperaturen zijn het laagst in de nacht. Sneeuwval komt meestal samen met koudefronten waarbij de temperatuur daalt zodra het opklaart. Het is een bekend fenomeen dat de temperatuur stijgt voordat het gaat sneeuwen waardoor sneeuw van een dag eerder dooit en 's nachts opvriest. Verse sneeuw over opgevroren ondergrond vormt een groot gevaar, vooral wanneer de sneeuw begint te smelten bij het begin van de dag. Vandaar dat sneeuwval aan het eind van de middag of begin van de avond een dag later voor de grootste problemen kan zorgen door opvriezen.

Zwaarste sneeuwval

De vorm van de omgeving heeft een groot effect op de sneeuwval. Wanneer je woont op een heuvelhelling die in de wind ligt, zul je veel meer sneeuw krijgen dan de omliggende vlakke gebieden. Verwacht de meeste sneeuw net achter de heuveltop en in het gebied daar pal achter, maar nog wat verder met de wind mee zal er minder sneeuw vallen omdat de heuveltop de wolken voor een groot deel heeft beroofd van het vermogen om sneeuw te vormen. Wanneer je leeft in zo'n *sneeuwschaduw* kun je verbaasd zijn over de problematische omstandigheden in gebieden die niet worden beschermd door een heuveltop of bergkam.

Zware sneeuwval gaat niet vaak samen met snel bewegende fronten zoals zich tijdens winterdepressies voordoen. Het is juist het langzaam bewegende oude front, zoals een occlusiefront, dat meestal de meeste sneeuwval oplevert. Wanneer je op een actuele weerkaart een front ziet dat zich uitstrekt in ongeveer dezelfde richting als de isobaren, houd dan rekening met zware sneeuwval. Hetzelfde geldt voor kleine lokale depressies die vrijwel onopgemerkt blijven op een weerkaart of slechts een enkele isobaar rondom zich hebben liggen.

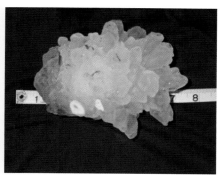

Foto 12 Supercelbuien leveren enorme hagelstenen op. Gelukkig zijn ze niet allemaal zo groot als dit voorbeeld met een diameter van 18 cm (7 inch). Hagel uit normale onweersbuien is vaak niet groter dan erwtjes, maar grote hagelstenen kunnen wel eens vallen in Europa en komen in Australië zelfs vaak voor.

Foto 13 Wanneer er grote sneeuwvlokken vallen staat er meestal weinig wind waardoor de wolken blijven hangen. Het resultaat is een snel en dik pak sneeuw – meestal nat – maar problemen ontstaan vooral wanneer het 's nachts vriest en droog wordt. Wanneer het dan waait in de morgen levert dat veel stuifsneeuw op.

Wanneer je de bergen of heuvels in trekt, is het weer niet zo stabiel als op het vlakke land. Het weer verslechtert onverwacht en snel; het in eerste instantie prachtige weer kan opeens helemaal omslaan.

Om wolken en regen (of sneeuw) te vormen moet lucht opstijgen. Dit gebeurt in heuvelachtige gebieden wanneer lucht tegen de heuvel op stroomt. Dus wanneer een luchtstroom toch al vochtig is kunnen hellingen die in de wind liggen bedekt raken met mist en nevel. Motregen kan intens en aanhoudend zijn, terwijl het in lager gelegen gebieden bewolkt maar droog is. In grote lijnen geldt dat hoe sterker de wind is, hoe sneller de lucht omhoog stroomt en hoe meer regen of motregen er valt. In de winter kunnen sneeuwbuien uit het niets ontstaan.

Het is algemeen bekend dat het weer aan de noordkant van de Alpen minder voorspelbaar is dan aan de zuidkant. In ieder geval is het weer zeer veranderlijk; deze omstandigheden gelden voor de meeste berggebieden in de gematigde breedtes van elk halfrond.

Tekenen van goed weer komen ook van pas voor bergwandelaars. Bij rustig weer waait de *bergwind* overdag omhoog van de vallei naar de bergen terwijl *valleiwind* in de nacht van de bergen naar beneden de vallei in waait. De aanwezigheid ervan geeft aan dat de toestand stabiel is en dat dit nog wel een tijdje zo blijft. In deze omstandigheden zal bij een meer waarvan één kant in de zon ligt en de andere in de schaduw een *meerwind* waaien van de schaduwzijde naar de zonzijde. Wanneer de zon hoger aan de hemel komt, kan het effect worden opgeheven en op het eind van de dag kan de wind juist de andere kant op gaan waaien. Dit is ook een teken voor blijvend goed weer, tenzij er hoog in de lucht zware banen cirrusbewolking (foto 14) binnendrijven.

De windsnelheid neemt echter toe met de hoogte en soms gaan de koudste omstandigheden gepaard met helder weer wanneer de luchtstroom van de polen komt. De *wind chill factor* (zie tabel op p. 50) is dan maximaal. Wanneer het weer verslechtert en het begint te regenen of te sneeuwen, kunnen de omstandigheden levensgevaarlijk worden, tenzij je zeer goed bent voorbereid.

De temperatuur daalt met ongeveer 1 °C per 100 m (300 voet), een beetje afhankelijk van de omstandigheden.

Op geringe hoogte wordt de windrichting bepaald door valleien. De normale hoogte voor cumuluswolken is 600–900 m (2000–3000 voet) en de beweging ervan kan de werkelijke windrichting voor lagere bergen en heuvels bepalen. Met hogere toppen kan sneeuw die van kammen waait als indicatie voor de windrichting worden gebruikt. Wolken hoger dan cumulus vertellen weinig over de wind aan het aardoppervlak, omdat ze meestal in een andere richting bewegen, vooral wanneer weersverandering op komst is.

Veranderingen in luchtdruk

Ook wanneer je niet zo hoog wilt gaan, is een hoogtemeter voor klimmers erg handig. Een hoogtemeter is in principe een barometer en kan dus worden gebruikt om het weer te voorspellen.

Vallende barometer

Een langdurig, constant dalende luchtdruk duidt op een lange periode van regen (of sneeuw). De wind zal naar zuidelijke richtingen draaien om later naar het westen of noordwesten te gaan (NH).

Bij een plotselinge daling is spoedig wind en zware regen (of sneeuw) te verwachten. Ook zullen lage wolken bergmist vormen.

Onweersbuien volgen vaak op scherpe dalingen wanneer het al warm en vochtig is. Meestal weinig wind.

Bij stabiel weer hebben geringe dalingen in de namiddag, vooral in de zomer, weinig voorspellende waarde. Een stijging die echter alleen in de namiddag voorkomt duidt op verslechterende condities.

Foto 14 Slecht weer dat zich vormt in bergachtige gebieden is vaak als eerste zichtbaar achter de toppen. Hier zijn bij de Eiger in de Alpen, 3970 m (13.125 voet) hoog, tekenen van naderend slecht weer zichtbaar, inclusief de sluier van cirrusbewolking erboven. Uiterst links dringt lage bewolking de hellingen over, dus reken op een spoedige verslechtering. FOTO: INGE MOORE

Stijgende barometer

Wanneer het al mooi weer is en de druk scherp stijgt, verwacht dan niet dat het mooie weer nog lang aanhoudt.

Een snelle stijging brengt mooi weer, maar dat duurt meestal maar net zo lang als de snelle stijging.

Een langzame stijging voor meerdere dagen duidt op het aanbreken van een lange periode van rustig weer. Zeker wanneer op hetzelfde moment de zuidelijke wind naar noordelijk draait (NH).

Houd rekening met mist of nevel wanneer een hoge druk gepaard gaat met een hoge luchtvochtigheid.

Wanneer de druk zomaar wat verandert kun je instabiel weer verwachten.

Vooruit plannen

Ben je, ook wanneer het weer 's ochtends goed is, voorbereid op een verslechtering? Heb je het weerbericht uitgeluisterd?

Wanneer je in de heuvels gaat wandelen of gaat klimmen, zorg dan dat je geschikte kleding bij je hebt. Neem energierijk voedsel als chocolade mee. Vermijd vette of vlezige snacks, maar een steile helling of klimmen laat je zweten, dus het innemen van zout is nodig. Vruchtensappen zijn beter dan water.

Vraag ter plaatse advies voor je geplande route; wanneer je dat nog niet gedaan had, bekijk dan of er nog bijzondere risico's zijn. Wanneer het weer je plots overvalt, kun je de route naar beneden nog veilig terugvinden? Is er risico op lawines? Zie pp. 44–45.

Uv-licht is sterker op grotere hoogte, dus neem een zonnebril met zijbescherming mee en voldoende zonnebrandcrème, ook voor de lippen. Een hoofddeksel is op zonnige dagen ook belangrijk.

Buien en onweer

Buien en onweer kunnen bergwandelaars zwaar op de proef stellen. Een zomerse ochtend kan mensen ertoe verleiden om zonder goede bescherming de bergen in te trekken. Buien kunnen echter gemakkelijk ontstaan in de namiddag van een zomerse dag. Let goed op stapelwolken (foto 15): wanneer je ze ziet groeien zodat de diepte beduidend groter wordt dan de afstand van de onderzijde tot de grond, houd dan rekening met buien en mogelijk onweer. Ze hoeven niet te komen, maar wees voorbereid. Wanneer je in een bui terechtkomt op een berg, volg dan het advies op p. 26. Je zult mogelijk doorweekt raken maar bent hopelijk beschermd tegen blikseminslag.

WEERPATRONEN IN DE BERGEN	
Kenmerken	Verwachting
Hoge wolken (cirrus) naderen (meestal uit westelijke richting) en worden groter.	Slecht weer in de volgende 5–15 uur.
Halo's rond zon of maan (licht gekleurde ring).	Slecht weer in de volgende 4–12 uur.
Dalende wolken vormen zich boven toppen en kammen in de buurt. Plotselinge mistflarden waaien van de helling af tegen de wind in.	Plukken bergmist, motregen, regen of sneeuw elk moment mogelijk.
Stapelwolken – wanneer ze in de morgen aanwezig zijn.	Wees voorbereid op uitgroeien tot regenbuien later op de dag.
Stapelwolken – groot.	Buien zeer waarschijnlijk, mogelijk met onweer.
Middelhoge wolken met veel lensvormige elementen.	Elke vorm van neerslag kan op zich laten wachten.
Opklaring met blauwe lucht na hoge bewolking (regen etc. is tijdje ervoor gestopt). Is nu kouder. Zeer goed zicht.	Houd rekening met nog meer buien na de opklaring. Verdere verwachting – goed weer.

Foto 15 Wandelaars in wat lagere bergen hebben mogelijk meer kans op plotseling slecht weer omdat de voortekenen niet zo helder zijn. Ondanks dat de lucht blauw is hangen niet zo veel verderop zware onweersbuien boven de bergen.

11 Lawines

Wereldwijd vinden er jaarlijks meer dan een miljoen lawines plaats. In een gemiddeld jaar komen daarbij wereldwijd 150 mensen om en dit aantal neemt toe door het groeiende bergtoerisme. Commerciële recreatieactiviteiten kunnen plaatsvinden in lawinegevaarlijke gebieden. Wanneer je iets weet van de grillen van sneeuw en voorzichtig met de gevaren omgaat, kun je voorkomen een van de slachtoffers te worden. Lawines blijven echter een gevaar wanneer er veel sneeuw is gevallen, vooral wanneer er al sneeuw lag.

Omdat sneeuw bevroren water is kan ze behoorlijk wat wegen. Een kubieke meter net gevallen *poedersneeuw* weegt ergens tussen de 30 en 60 kg. Maar wanneer de temperatuur dicht bij het vriespunt ligt tijdens het sneeuwen, zal het *natte sneeuw* zijn en meer wegen. Na een periode van ongeveer 24 uur zal de samenstelling van net gevallen sneeuw door atmosferische omstandigheden veranderen en ook door het eigen gewicht. De sneeuw wordt compacter en weegt dan ergens tussen de 200 en 600 kg. Tijdens dit proces kan ze transformeren tot *vaste sneeuw*. Ze kristalliseert en de kristallen vriezen stevig aan elkaar vast. Natte *vaste sneeuw* kan wel een halve ton per kubieke meter wegen. Dit effect wordt aangemoedigd door de zon, dus vaste sneeuw vind je aan de zonzijde terwijl aan de schaduwzijde de sneeuw nog steeds poedersneeuw kan zijn.

Lawines kunnen worden veroorzaakt door mensen die sneeuw betreden die al instabiel is, of door een hard geluid, maar ze kunnen ook zomaar ontstaan.

Overvallen door een lawine

Wanneer het poedersneeuw is, zie het dan als een vloeistof. Doe je ski's uit en je rugzak af. Probeer omhoog te 'zwemmen' om boven de sneeuw te blijven. Wanneer je ingesloten raakt, probeer dan een luchtruimte voor je gezicht te houden met je handen en je armen. Zet je borstkas uit. Wanneer je dat niet doet kun je verstikt raken omdat de sneeuw een paar seconden nadat deze gestopt is met schuiven sterk inzakt. Je kunt gedesoriënteerd raken. Welke richting is boven? Bedenk dat alles naar beneden valt, dus door te spugen zie je wat beneden is.

Je kans op overleven is groter wanneer je niet in paniek raakt. Adem rustig en blijf kalm om energie te sparen. Ga niet roepen tenzij je iemand in de buurt bemerkt. Sneeuw dempt geluid en je geroep is alleen hoorbaar wanneer je al dicht bij de oppervlakte bent.

De kans op redding is groter wanneer je iemand vertelt waar je heen gaat, als je uiteraard aan de plannen houdt.

Lawines vermijden

Luister naar het weerbericht en trek er niet op uit wanneer plotselinge weersveranderingen verwacht worden. Wanneer er een föhn waait, wacht dan met vertrekken tot het risico geweken is. Ga niet naar buiten direct nadat er nieuwe sneeuw is gevallen.

Loop niet op steile hellingen aan de lijzijde, met name wanneer het weer veranderlijk is. Zuidgerichte hellingen kunnen zeer gevaarlijk zijn bij veel zon, maar het is er veiliger in de vroege ochtend dan later wanneer ze in de schaduw liggen.

Foto 16 Wanneer hellingen zo steil zijn als deze zijn lawines onvermijdelijk en leveren ze ook op lager gelegen minder steile hellingen gevaar op.

Vraag lokaal bekenden naar de omstandigheden, inclusief boswachters en houthakkers, en raadpleeg ook sneeuwexperts zoals berghutbeheerders. Er is veel ervaring voor nodig om het lokale lawinegevaar goed in te schatten, dus vraag altijd de mensen die er dagelijks mee omgaan naar hun inschatting.

Ski-risico's

Je moet natuurlijk het risico op een lawine inschatten wanneer je door ruige sneeuwhellingen trekt, maar er bestaan ook gevaren wanneer je op de piste gaat skiën. Onderzoek wijst uit dat 20 procent van de ski-ongevallen voortkomt uit een te hoge snelheid. Dit percentage is maar iets groter dan dat voor skiën in gevallen sneeuw en door ijsplekken. De rest van de ongevallen – het hoogste percentage – komt door te weinig ervaring.

Ondanks dat pistes zodanig worden aangelegd dat het risico op lawines minimaal is, kunnen ze toch voorkomen en het risico hoeft niet altijd juist te worden ingeschat door de mensen die over de pisteveiligheid gaan. Bestudeer de sneeuwconditie en let goed op het weer.

In de periode van 1988–1999 waren er 56 lawines in Oostenrijk, met 50 doden en 70 zwaargewonden tot gevolg. Bij het grootste ongeluk, tijdens kerst 1999, vonden negen toeristen de dood en slechts één werd er gered door een helikopter. Daarnaast vaagden de lawines miljoenen bomen weg.

FACTOREN MET INVLOED OP LAWINES		
Factor	Effect op mogelijk risico	Opmerkingen
Weer	Hoogst tijdens of binnen 24 uur na sneeuwval met laagdikte van ca. 30 cm.	Wanneer er zware sneeuwval is geweest, stel de trip dan uit. Minder dan 15 cm: weinig risico.
Sneeuwval	Nieuwe sneeuw hecht zich mogelijk niet aan bestaande laag.	Nieuwe dikke lagen kunnen wegen blokkeren en veel schade aanrichten.
Temperatuur	Passage van warmtefronten veroorzaken langdurige dooi en een verhoogd risico.	Lenteachtige sneeuwomstandigheden met dooi overdag en nachtelijke vorst stabiliseren en verlagen het risico.
Wind	Schuurt sneeuw van de windzijde en laat het aan de lijzijde vallen.	Hoger risico aan de lijzijde waar de ski-gebieden meestal zijn. Blijf dus aan de windzijde.
Sneeuwpak	Eerdere niet zichtbare lagen sneeuw kunnen het sneeuwpak tot een meter onder het oppervlak instabiel maken.	Vraag lokale bevolking over de sneeuwval van de afgelopen tijd. Stabiliteit van de sneeuw kan binnen een dag veranderen.
Hellingshoek	Grootste risico bij een hellings-hoek tussen de 30° en 45°.	Zoek naar hellingen met wisselende hellingshoek. Natte sneeuw kan al gaan schuiven bij kleinere hellingshoeken.
Ligging helling	De meeste lawines komen voor bij hellingen tussen N en O.	Lawines kunnen ontstaan op hellingen in elke richting. Vermijd hellingen die de hele dag in de schaduw liggen.
Terrein	Pas op met bulten en geulen hogerop. Vermijd ze lager te passeren, ook al lijken ze maar klein.	Vermijd indien mogelijk steile hellingen of valleien met een dikke laag sneeuw erboven. Bekijk of de wegen die je wilt gebruiken risico lopen.

Foto 17 Zware waterhozen zoals deze kunnen gevaarlijk zijn voor kleine vaartuigen. Ook kunnen het dicht bij de kust vernietigende tornadostorm-waterhozen zijn. FOTO: SHUTTERSTOCK

Grote overstromingen worden veroorzaakt door extreme regenval en/of plotselinge dooi. Dicht bij de kust kan het komen door extreem hoge waterstanden – een stormvloed – of er kan een plotselinge overstroming ontstaan bij zware regenval boven voorgebergte aan de kust. Plaatselijke plotselinge overstromingen kunnen ook voorkomen in heuvel- of bergachtig terrein waar beekjes of rivieren door nauwe doorgangen stromen.

Een aantal grote overstromingen wordt niet snel vergeten. In 1990 liep een miljoen vierkante kilometer land in Oost-Australië onder water. In 1993 overstroomde de Mississippi. In 2007 liepen hele delen van centraal Engeland onder water, maar dat stelde nog maar weinig voor bij de grote Europese overstromingen in augustus 2002.

Deze laatste werden veroorzaakt door een samenloop van omstandigheden: aanhoudende regen ontstond door het voortdurend optillen van vochtige lucht. Deze mediterrane lucht was zeer vochtig; hooggelegen gebieden waar de wind overheen woei, tilden de lucht op en dit werd versterkt door een vrijwel stationair front. De Elbe en de Donau zwollen aan tot een formaat dat al 100 jaar niet was waargenomen, waardoor grote gebieden in Tsjechië, Oost-Duitsland, Oostenrijk en Hongarije onder water liepen. Onweersbuien boven hoger gelegen gebieden zorgen vaak voor bergstroompjes, maar dat was nu niet het geval.

Het zijn niet de bewegende depressies die voor de ergste effecten zorgen. Wanneer depressies bewegen, bewegen de fronten mee en de bijbehorende regen, die tijdelijk zeer hevig kan zijn, schuift ook door. Maar wanneer een front loskomt van het laag waar het bij hoorde en vrijwel stationair blijft liggen, terwijl het wordt gevoed door twee luchtstromen met verschillende vochtigheidsgraad en temperatuur, dan heb je de juiste omstandigheden voor grote overstromingen.

De toename van het aantal overstromingen in Europa rond de eeuwwisseling heeft ertoe geleid dat de waarschuwingssystemen zijn verbeterd. Satellietbeelden kunnen de ondergelopen gebieden observeren en zo – bijna live – de autoriteiten helpen om de probleemgebieden in kaart te brengen en maat-regelen te treffen om de ergste problemen te voorkomen. Wanneer je afreist naar plaatsen waar regelmatig een moesson is (bijv. het Indische subcontinent, Zuidoost-Azië en delen van Australië), vraag dan vooraf na wanneer het regenseizoen is en waar de grootste problemen meestal optreden. Bangladesh is een van de meest getroffen gebieden en rampzalige overstromingen zijn er bijna normaal. De ergste overstromingen worden meestal veroorzaakt door cyclonen die stormvloeden veroorzaken.

Plotselinge overstromingen (*flash floods*)

Deze zijn een stuk gevaarlijker, aangezien ze plaatselijk zijn en zich niet aan een patroon houden. Ze komen vaker voor in de zomer dan in de winter; met name in de valleien en geulen die water uit heuvels naar de zee leiden. Een verwoestende overstroming trof het Engelse vissersdorpje Boscastle op 16 augustus 2004. Deze vond precies 52 jaar na een soortgelijke ramp in Lynmouth op 15–16 augustus 1952 plaats, waarbij 37 doden vielen.

Voorzorgsmaatregelen

Wanneer je kampeert bij een bergbeekje, schat dan altijd de kans op een plotselinge overstroming in en overweeg te verkassen naar een hoger gelegen stuk grond wanneer er in het binnenland veel regen valt. Hetzelfde geldt voor de oevers van een meer, met name wanneer het land rondom het meer steil omhoog loopt.

Ook al vinden ze al plaats en zijn ze voorspeld, toch is het bijna niet in te schatten of een overstroming zich steeds verder zal uitbreiden, zoals in centraal Europa in 2004. Overweeg dus zorgvuldig of je risico loopt wanneer je je in een mogelijk overstromingsgebied bevindt. Overstromingen lijken een steeds groter probleem te worden nu steeds meer wordt gebouwd in gebieden die vroeger vaak als buffer het water opvingen.

Foto 18 Dit is wat er kan gebeuren wanneer je auto in een plotselinge overstroming terechtkomt, of wanneer een rivier buiten de oevers treedt. De meeste regen valt meestal in een hoger gelegen gebied dat op behoorlijke afstand kan liggen van het gebied waar de overstromingen plaatsvinden. FOTO: SHUTTERSTOCK

De definitie van 'koud' is afhankelijk van waar je woont omdat mensen wennen aan de plaatselijke temperatuur en omdat men zich voorbereidt op zeer koud weer wanneer er strenge winters in dat gebied voorkomen. Vandaar dat mensen in bijvoorbeeld Canada, Scandinavië en Noord-Rusland minder last hebben van koude winters, aangezien ze eraan gewend zijn. Maar dan nog bestaan er zulke zware omstandigheden dat het ook voor de plaatselijke bevolking levensbedreigend is.

Gevoelstemperatuur: wind-chill-factor

Wanneer de luchttemperatuur laag is zorgt de wind ervoor dat de lucht veel kouder voelt (*wind chill*). De volgende tabel toont de afname in luchttemperatuur als gevolg van de wind-chill-factor. Dit betekent dat de kans op verwonding door bevriezing toeneemt bij meer wind. Het gaat hier om een Canadese tabel, maar andere tabellen wijken er weinig van af.

Algemene voorzorgsmaatregelen bij extreem koud weer

De weerberichten waarschuwen meestal tijdig, dus kleed je ernaar. Onderlagen van losse kleding houden lichaamswarmte vast en zorgen voor ventilatie. Overkleding moet waterafstotend en dicht geweven zijn met een capuchon of hoge kraag. Iets voor op je hoofd is noodzakelijk wanneer het erg koud is, en draag een wollen sjaal over je mond. Wanten zijn warmer dan handschoenen – en praktischer.

Wanneer je met de auto weg moet, controleer dan de antivries en bekijk de adviezen op pp. 36–38 (Sneeuw). Wanneer er kinderen of oude mensen meereizen, zorg dan voor voldoende extra maatregelen. Wanneer de motor stukgaat, of je moet een wiel verwisselen, realiseer je dan dat inspannende werkzaamheden buiten in koud weer veel vragen van je hart. Bestaat de kans op verwonding door bevriezing? Zelfs als het niet echt koud lijkt bestaat het risico op onderkoeling. Een langdurig verblijf in de kou verlaagt de lichaamstemperatuur, wat leidt tot rillen, verwardheid en controleverlies over de spieren. Wanneer dit soort symptomen zich voordoen, wikkel het slachtoffer dan in alles wat de warmte maar een beetje bij het lichaam houdt en zoek zo snel mogelijk medische hulp aangezien bewusteloosheid en de dood kunnen volgen. Geef geen alcohol.

WIND-CHILL-TABEL – TEMPERATUUR (°C)/WINDSNELHEID (km/h)												
mijl/u*	km/u	5°C	0°C	-5°C	-10°C	-15°C	-20°C	-25°C	-30°C	-35°C	-40°C	-45°C
3	5	4	-2	-7	-13	-19	-24	-30	-36	-41	-47	-53
6 (2)	10	3	-3	-9	-15	-21	-27	-33	-39	-45	-51	-57
9	15	2	-4	-11	-17	-23	-29	-35	-41	-48	-54	-60
12 (3)	20	1	-5	-12	-18	-24	-30	-37	-43	-49	-56	-62
16	25	1	-6	-12	-19	-25	-32	-38	-44	-51	-57	-64
19 (4)	30	0	-6	-13	-20	-26	-33	-39	-46	-52	-59	-65
22	35	0	-7	-14	-20	-27	-33	-40	-47	-53	-60	-66
25 (5)	40	-1	-7	-14	-21	-27	-34	-41	-48	-54	-61	-68
28	45	-1	-8	-15	-21	-28	-35	-42	-48	-55	-62	-69
31 (6)	50	-1	-8	-15	-22	-29	-35	-42	-49	-56	-63	-69
34	55	-2	-8	-15	-22	-29	-36	-43	-50	-57	-63	-70
37 (7)	60	-2	-9	-16	-23	-30	-36	-43	-50	-57	-64	-71
40	65	-2	-9	-16	-23	-30	-37	-44	-51	-58	-65	-72
44 (8)	70	-2	-9	-16	-23	-30	-37	-44	-51	-58	-65	-72
47	75	-3	10	-17	-24	-31	-38	-45	-52	-59	-66	-73
50	80	-3	-10	-17	-24	-31	-38	-45	-52	-60	-67	-74

* windkracht Beaufort tussen haakjes

Foto 19 Wonderlijke gevolgen van een ijsstorm boven het Meer van Genève op 26 januari 2005 waarbij de wind aantrok tot 65 knoop en de temperatuur daalde tot onder nul. Sommige vaartuigen zonken door het gewicht van het ijs. FOTO: J.-P. SCHERRER

Heb je thuis voldoende middelen om het warm te houden wanneer de stroom uitvalt? Kun je verwarmen en koken op gas? Heb je voldoende brandstof in de buurt voor de eventuele open haard? Sla voldoende voorraden in voordat het koude weer aanbreekt – tegen die tijd gaat iedereen inslaan.

Houd wanneer er veel sneeuw valt een schep binnen om jezelf indien nodig aan de lijzijde van het huis een weg naar buiten te graven; waarschijnlijk lukt dat niet aan de windzijde.

Aanvriezende regen kan hangende elektriciteitsdraden naar beneden laten komen. Grote kans dat de elektriciteitsmasten daarbij ook sneuvelen waardoor de stroom volledig uitvalt. In dat geval kan het dagen of zelfs weken duren voordat deze weer is aangesloten.

Wanneer de strenge vorst aanhoudt en je hebt geen stroom, dan kan het noodzakelijk zijn om het huis te verlaten. Mocht dat gebeuren, sluit dan water en elektriciteit af. Laat watertanks leeglopen, zet de kranen open en tap de waterleidingen af. Bescherm zaken als de wasmachine, vaatwasser en cv-installatie volgens de handleiding tegen vorst.

Een dun laagje ijs zal weinig schade aan bomen aanrichten, maar wanneer de ijslaag groeit kunnen grote takken afbreken; blijf dus indien mogelijk uit de buurt van bomen. De ijsstorm van 6 januari 1998 in Zuid-Quebec, Oost-Ontario en het noorden van New England was de ergste die men zich kon herinneren. Een miljoen huishoudens kwamen zonder stroom te zitten; bruggen en wegen werden afgesloten; opvangcentra werden geopend voor mensen die hun huizen moesten verlaten en winkels en restaurants moesten sluiten omdat het personeel niet kon komen. Daarnaast raakten bijna alle bomen in Montreal beschadigd en sommige overleefden de extreme kou niet.

Waarom bevriest de regen?

Op gematigde breedtes komt bevriezende regen (ijzel) met een dun laagje ijs tot gevolg maar weinig voor. Noord-Amerika is zo'n gebied waar het wel eens voorkomt en dit gebeurt dan net voor warmtefronten of occlusies die zich verplaatsen over ijskoude ondergrond. Er moet een warmere luchtlaag (boven het vriespunt) op middelmatige hoogte zijn, waar sneeuw van bovenaf in valt. De sneeuw smelt tot regendruppels die bijna bevriezen. Zodra de druppel de bevroren grond raakt verspreidt het extreem koude water zich en bevriest dan onmiddellijk. Zo komt er een laagje ijs op takken, bladeren, stoepen, wegen en hekken waardoor lopen of rijden vrijwel onmogelijk wordt. Wanneer de regen aanhoudt of de motregen sterker wordt resulteert dit in een ijsstorm (zie foto 19). Gelukkig komt bevriezende regen, die nooit sterk genoeg is om als ijsstorm de boeken in te gaan, maar zelden voor op gematigde breedtes.

Wanneer bevriest de zee?

Zeewater zal alleen bevriezen wanneer de luchttemperatuur een aantal graden onder nul is. Daarom komt het maar zelden voor aan de Atlantische kust van Europa, behalve in Scandinavië waar de Oostzee elke winter bevriest. In getijdengebieden echter kunnen wanneer eb samenvalt met een heldere winternacht de drogende oevers en banken tot ruim onder het vriespunt afkoelen voordat het water weer terugkomt. Het eerste water bevriest dan en wanneer de kou aanhoudt kunnen grote velden met ijsschotsen ontstaan (foto 20). Door dit soort omstandigheden raken houten en polyester jachten zeer waarschijnlijk beschadigd. Metalen onderdelen zoals de zeereling worden veel kouder dan het zeewater, waardoor stuifwater kan aanvriezen en de boot topzwaar kan worden door het opgevroren ijs.

Foto 20 Het zeewater op gematigde breedtes moet uitzonderlijk koud zijn om te kunnen bevriezen, maar soms gebeurt het toch. Deze ijsschotsen verschenen overal in de kreken aan de oost- en zuidkust van Engeland tijdens de winter van 1963. Boten zullen niet altijd kapot gedrukt worden, maar beschadigen vaak wel.

Daar waar bergen zijn bestaat plaatselijke wind. Deze steekt regelmatig de kop op en wordt vooral veroorzaakt door katabatische effecten: koude (zware) lucht stroomt langs de valleien naar beneden. Wanneer deze vallende wind ongeveer in dezelfde richting staat als de wind die door het plaatselijke luchtdrukpatroon wordt veroorzaakt, kan hij krachtig of zelfs stormachtig worden, zeker wanneer hij door de valleien wordt samengedrukt. De wind kan koud zijn maar vaker is hij warm en droog, omdat lucht die naar beneden zakt opwarmt en veel vocht al verloren is gegaan aan de andere kant van de bergen. Deze wind kan in kustgebieden het normale patroon van de sterkste wind midden op de dag omkeren, en dit kan zeker in de vroege ochtend. De bora in de Adriatische Zee is zo'n wind. De mistral van de Rhônevallei heet zo vanwege de meesterlijke manier waarop deze de macht grijpt en zwakkere wind wegvaagt.

Windbenaming	Regio	Omschrijving
Europa		
Alm	Karstregio (Triëst)	Valwind
Autan	Corbièregebergte, Zuid-Frankrijk	Warme, droge valwind
Bora	Noordoost-Adriatische kust	Droge, koude noordoostenwind uit de Dinarische Alpen
Drinet	Roemenië	Koude bergwind
Föhn	Voorgebergte Alpen	Warme, droge valwind
Halmiak	Kroatische kust	Valwind
Ibe	Kaukasus	Valwind
Jura	Uitlopers van het Juragebergte	Koude, vlagerige bergwind

Windbenaming	Regio	Omschrijving
Moestrale	Golf van Genua	Droge, koude, stormachtige soort mistral in de winter
Maledetto	Noord-Italië	Valwind
Matiniere	Alpen	Soms heftige bergwind
Melamboreas	Provence	Noordelijke soort mistralwind
Mistral	Rhônevallei	Krachtige wind langs de berghelling. Merkbaar over een groot deel van de noordkust van de Golf van Lion. Soms stormachtig
Piterak	IJsland/Groenland	Hard vallende wind langs fjordwanden, vlagen tot 140 knoop
Pyr (Pym)	Bovenste deel Donau	Valwind
Riesenburg	Duitsland	Valwind
Roeteturm	Roemenië	Valwind
Tramontana	Italië	Krachtige, koude bergwind
Vauduire	Meer van Genève	Plaatselijke benaming voor föhn
Vent d'Espagne	Pyreneeën	Soort föhn die Zuid-Frankrijk binnenwaait
Noord- en Zuid-Amerika		
Chinook	Lijzijde van de Rocky Mountains	Warme, droge valwind – de 'sneeuw-eter', vooral in Montana
Coho	Oregon	Als de bora, tot 130 km/uur bij Portland
Easter	Oregon	Valwind
Santa Ana	Zuid-Californië	Noordoostelijke valwind
Surazo	Peruaans Andesgebergte	Krachtige, koude bergwind
Zuidelijk halfrond		
Berg	Zuid-Afrika	Warme, droge valwind
Nor'wester	Christchurch, Nieuw-Zeeland	Valwind

Foto 21 De mistral in de Rhônevallei in Zuid-Frankrijk bereikt soms stormkracht. Het is een valwind afkomstig van hoger gelegen gebieden in het binnenland en kan elk jaargetijde opsteken langs de hele mediterrane kust van Frankrijk. FOTO: SHUTTERSTOCK

15 Slechtweerwinden wereldwijd

Wereldwijd bestaan er lokale winden die slecht weer brengen. De volgende lijst is niet volledig, maar beschrijft krachtige tot stormachtige winden, zand-, stof- en sneeuwstormen etc. in specifieke gebieden. Valwinden en bergwinden staan er niet bij, die zijn al beschreven op p. 54.

Windbenaming	Regio	Omschrijving
Europa		
Auster	West- en Midden-Europa	Hittegolven, wazig zicht, onweersbuien. Lente en herfst
Astru	Oostenrijk/Hongarije	Zeer koude winterwind
Bise	Languedoc, Frankrijk	Koude, droge noordooster. Vaak veel bewolking
Cantalaise	Aubrac-plateau, Frankrijk	Heftige wind met sneeuw
Cierco	Ebro-gebied, Spanje	Koude, westelijke uitloper van mistral
Crivetz	Roemenië	Koude, krachtige noordooster, sneeuwstormen
Elvegast	Noorwegen	Koude, droge oostenwind
Gallerna	Golf van Biskaje	Koude, buiige noordwester. Vlagen tot 60 knoop
Helm	Cumberland, Engeland	Krachtige noordooster bij Pennines
Iseran	Franse Alpen	Koude, vlagerige noordenwind
Polack	Sudetenland, Tsjechië	Koude, droge wind
Poriaz	Bosporus	Heftige noordooster, sneeuw in de winter
Steppenwind	Duitsland	Koude noordooster
Wisper	Rijnvallei	Zeer krachtige avondwind door smalle doorgangen

Windbenaming	Regio	Omschrijving
Middellandse Zee		
Euroclydon	Oostelijk deel Middellandse Zee	Noordooster, vlagerige storm
Gregale	Centraal deel Middellandse Zee	Krachtige noordooster in herfst
Levanter	Balearen	Oostenwind van juli tot oktober
Levanter	Straat van Gibraltar	Oostenwind, samengedrukt, van juli tot oktober
Leveche	Zuid-Spanje	Warme, droge zuidooster vol met stof en zand
Maestral	Golf van Genua	Koude, krachtige noordenwind
Marin	Zuid-Frankrijk	Zuidooster, vochtig en drukkend, met veel regen
Meltemi	Egeïsche Zee	Noordooster in de herfst
Sirocco	Groot deel Middellandse Zee	Zuidooster vanuit de Sahara in lente. Gemene warme wind'
Noord-Afrika		
Chili	Tunesië	Warme, droge zuidenwind met zandstormen
Gergui	Algerije	Warme, droge zuidooster met zandstormen
Ghibli	Tunesië	Woestijnwind
Haboob	Soedan/Egypte	Stofstormen, mei tot september
Harmattan	West-Afrikaanse kust	Droge, stoffige noordooster, december tot februari; stof waait ver over de Atlantische Oceaan
Khamsin	Egypte	Warme, stoffige siroccoachtige wind. Maart tot mei
Midden-Oosten		
Belat	Golf van Aden	Noordnoordwester, december tot maart, soms met stormkracht
Coshee	Perzische Golf	Vlagerig, buiig, onweersbuien in de winter
Samiel	Turkije	Warm, droog, verstikkend. 'Giftige wind'
Sharav	Israël	Warme droge woestijnwind
Suhaili	Perzische Golf	Krachtige koude zuidwester

Windbenaming	Regio	Omschrijving
Zuidoost-Azië en Verre Oosten		
Arashi	Japan	Stormwind
Challiho	India	Krachtige zuidenwind voorafgaand aan de zuid-westmoesson
Karaburan	Gobiwoestijn	De 'zwarte' oostnoordoostenwind. Koude wind met stofstormen
Australië		
Buster (Burster)	Zuidwest-Australië	Enge stilte gevolgd door een koude, natte zuidenwind
Southerly Buster	Sydney	Krachtige, verkoelende avondwind aan de kust
Willy-Willy	Timorzee	Tropische storm (cycloon)
Noord-Amerika		
Barber	Midden- en West-Canada, VS	Bedekt baarden en haar met ijs
Blue Norther	Great Plains, VS	Krachtige noordenwind, blauwzwarte lucht. Na koudefront grote temperatuurdaling
Chubasco	Golf van Californië en Mexicaanse kust	Heftige, kortdurende stormen, mei tot november
Norther	Texas	Toestroom van krachtige polaire lucht voorafge-gaan door warme vochtige lucht uit het zuiden
Tehuantepecer	Mexico	Koude krachtige noordenwind zoals mistral

Foto 22 (p. 59) De maan en de aarde met het noordelijk deel van Zuid-Amerika in beeld, gefotografeerd door een van de verschillende geostationaire weer-satellieten die boven de evenaar hangen. Deze satellieten leveren elk half uur beelden die te zien zijn bij het tv-weerbericht. Hier is het eind van de zomer op het noordelijk halfrond (NH) met het intertropische front zichtbaar als een soort kroon net boven het zuidelijk halfrond (ZH). De stormwolken bevinden zich vooral boven het NH, geconcentreerd boven de noordelijke zeeën. De wolken zijn helder omdat het hoge ijskristalbewolking is boven de stormsyste-men. De meeste wolken bewegen zich in oostelijke richting rond de wereld, maar orkanen daarentegen bewegen vooral in noordwestelijke richting. Een paar zijn er te zien als witte stippen rond het Yucatan-schiereiland en zelfs in de Pacific.

Van de maan is ook aangetoond dat deze een rol speelt bij weersontwikkelin-gen door de invloed op het getij, niet alleen op de oceanen maar ook in de omringende atmosfeer. Wanneer de krachtigste winden samengaan met een drukpatroon dat de zee voor een periode van dagen beïnvloedt, dan ontstaat stormvloed. Het water stroomt niet weg en de lage druk staat een zeespiegel-stijging toe. Wanneer dit gebeurt op het moment van springtij levert deze combinatie een extreem hoge waterstand op. De golven breken en vernielen zeeweringen waarbij soms veel schade ontstaat en zelfs doden vallen.

Dicht bij het aardoppervlak leiden de veranderingen in temperatuur, wind, luchtvochtigheid etc. die het weer en de wind veroorzaken tot wereldwijde effecten zoals El Niño, La Niña en tropische stormen. Ze zorgen voor het wis-selvallige weer op gematigde breedtes en het vrijwel altijd rustige weer in de doldrums. Maar het zijn juist de lokale omstandigheden die ons leven beïn-vloeden. Gelukkig wordt de kans om de slechtste invloeden van het weer te ontlopen met de hedendaagse kennis en meer accurate weersvoorspellingen steeds groter.

De woestijn langs de kust van Peru is een van de meest dorre plaatsen ter wereld. In 1925 viel er zo veel regen dat de treinbrug over de Rio Moche wegspoelde, waardoor Trujillo werd afgesneden van Lima. In 1972 zorgden plotselinge overstromingen voor vernielde huizen, het afsluiten van alle noordelijke snelwegen en zout in de irrigatiesystemen. We weten nu wat hier de oorzaak van was – het waren El Niño-jaren.

Door de zuidoostelijke passaatwind (zie p. 7) ondervindt de Pacific tussen Zuid-Amerika en Australië de grootste afwaaing en opstuwing ter wereld. De wind stuwt het water weg van Amerika waardoor de zeespiegel plaatselijk daalt en stuwt het water op in het gebied bij Indonesië. Zolang de passaatwind maar waait blijft deze 'helling' in de Pacific bestaan. Maar eens in de zoveel jaren waait de passaat niet en stroomt het opgestuwde water in het westen terug naar de kusten van Noord- en Zuid-Amerika. Het uitblijven van de passaat heeft nog een ander verstrekkend gevolg. Wanneer de passaat waait komt koud water van diep in de Pacific omhoog bij de kust van Peru en omgeving, waardoor er zeer veel leven in te vinden is. Wanneer de passaat niet waait valt deze bron van voedsel weg. De kustwateren kunnen dan wel 5 °C in temperatuur stijgen en vissen sterven door gebrek aan voedsel. Aangezien dit gebeuren, dat rampzalig is voor mensen die afhankelijk zijn van de visvangst, vooral merkbaar is rond december, zagen de voornamelijk katholieke Peruanen het als iets wat met de kerst te maken heeft. Vandaar dat ze dit fenomeen El Niño (jongetje – kindje Jezus) hebben genoemd. In de tijd tussen twee El Niño's vindt (ongeveer half zo vaak) het tegenovergestelde plaats en wordt het water juist extra koud; dit staat bekend als La Niña (meisje).

Wanneer de luchtdrukgegevens van Tahiti en Darwin (Australië) over meerdere jaren met elkaar vergeleken worden, blijkt dat er terugkerend verschil bestaat dat verloopt van positief (Tahiti hoger dan Darwin) tot negatief (Tahiti lager dan Darwin). Dit staat bekend als de Zuidelijke Oscillatie (SO). Wanneer de luchtdruk in Tahiti lager is dan in Darwin, heb je te maken met El Niño-jaren. Is de luchtdruk in Tahiti hoger, dan is het een La Niña-jaar. Aangezien ze onafscheidelijk zijn worden El Niño/La Niña en de Zuidelijke Oscillatie (SO) samen ENSO genoemd. In de periode na 1925 waren de volgende jaren krachtige El Niño- en La Niña-jaren (de laatste tussen haakjes): 1925, (1928), 1930, 1932, (1938), 1939, 1941, (1950), 1951, 1953, (1955), 1957, (1964), 1965, 1969, (1970), 1972, (1973), 1976, 1982, 1986, (1988), 1991, 1994, (1995), 1997, 1999, (2000), 2006, 2009.

Het effect van ENSO

Het gebruikelijke effect van een krachtige El Niño is het omkeren van de normale seizoenen in een groot deel van de wereld. De hoge zeewatertemperatuur leidt tot grote onweersbuien die warmte naar grote hoogtes transporteren, waardoor straalstromen worden beïnvloed. Dit enorme gebeuren rondom de evenaar kan het weer veel noordelijker beïnvloeden. De hoeveelheid regen bijvoorbeeld in de Middellandse Zee neemt toe tijdens El Niño(EN)-jaren. Een periode van EN kan 12 tot 18 maanden duren. De effecten van La Niña zijn meestal tegengesteld aan EN.

Over het algemeen is het risico op natuurrampen het kleinst voordat EN begint en het hoogst tijdens en direct na EN. In 1991–1992 was EN verantwoordelijk voor de grootste droogte in zuidelijk Afrika sinds een eeuw, met gevolgen voor ca. 100 miljoen mensen. Wanneer door de droogte bosbranden woeden, ontstaan weer grote problemen met ademhalen door rook. Wanneer er juist extra veel regen valt waardoor er overal water blijft staan, dan levert dat weer malariaproblemen op. Op sommige eilanden in de Pacific neemt de kans op knokkelkoorts toe tijdens EN.

ENSO-voorspellingen

Hier wordt veel onderzoek naar gedaan en er wordt voor meerdere seizoenen vooruit voorspeld. De zekerheid neemt enkele maanden vooraf toe waardoor, omdat kenmerken van EN wat tijd nodig hebben om zich te ontwikkelen, tijdig waarschuwen mogelijk is. Wanneer je gebieden met een hoog risico bezoekt, is het aan te raden te gaan in de periode voor EN wordt verwacht, in plaats van wanneer je denkt dat de effecten van EN over het hoogtepunt heen zijn.

EFFECT VAN ENSO		
Regio	Tijdens EN	Opmerkingen
NW-Zuid-Amerika (Peru, Ecuador, Colombia etc.)	Zware regen en over-stromingen. Malaria heerst	Grote EN-effecten centreren zich rondom de Galapagosei-landen. Veel zeeleven sterft wanneer het zeewater opwarmt. Deze gebieden zijn normaal erg droog
Mexico, Arizona, New Mexico, Brazilië	Meestal droger	Droogte, bosbranden
Zuidelijk Afrika	Droogte en hongersnood	Droogte kan jaren aanhouden
India, Indische Oceaan, Zuidoost-Azië	Moesson blijft uit of is zwak	Enorme onweersbuien boven Indonesië bewegen oostelijk naar Midden-Pacific. Straal-stromen raken verstoord. Zware regenval in Noordoost-India en bosbranden in het droge noordwesten
Noordwest-Pacific, Chinese Zee	Minder tyfoons	Tyfoons kunnen zwakker zijn dan normaal
Zuidelijk deel Noord-Atlantische Oceaan	Minder orkanen	Meestal een zwakker orkaanseizoen
Gulf Coast-staten (VS), Zuid- en Midden-Californië	Meer stormen en zware regenval	Stormen kunnen zwaar zijn en voorkomen in ongebruikelijke gebieden

Regio	Tijdens EN	Opmerkingen
US Pacific NW en noordelijke staten	Drogere herfst en winter	Zachte winter in West-Canada
Great Plains en Midden-West-Amerika	Warme winters	Naast andere effecten wordt wintersport minder mogelijk. Grote besparingen op stook-kosten in het noorden en oos-ten van de VS
Australië	Lange droge periodes	Tijdens winter, lente en begin zomer. Gedurende La Niña zware regenval en overstromin-gen
Westelijk deel Middellandse Zee	Meer regen	Er valt vooral meer regen in de herfst voor EN, maar juist minder in de daaropvolgende lente
West-Europa	Meer regen	Het zal nog jaren duren voor-dat het effect van El Niño en La Niña helemaal duidelijk is

Foto 23 'Ochtendrood, water in de sloot' zegt een weerspreuk. Waarom? Omdat wanneer de opkomende zon hoge bewolking beschijnt – die waar-schijnlijk hoort bij een warmtefront dat vanuit het westen aankomt – er gedurende de dag waarschijnlijk wind en regen zullen volgen.

In gebieden rond de Middellandse Zee, het Midden-Oosten en de tropen kunnen de zomerse temperaturen stijgen tot of boven de lichaamstemperatuur (37 °C). Onder deze omstandigheden moeten zelfs de mensen die er wonen op het heetste moment van de dag rusten om geen zonnesteek op te lopen doordat het lichaam ernstig oververhit raakt. Zonnesteek kan voorkomen bij lagere temperaturen na lange tijd te zijn blootgesteld aan direct zonlicht, met name met de nek en een onbedekt hoofd; dit kan een gevaar zijn in de maanden dat de zon het hoogst staat. In de tropen is dat dus elke maand.

Een briesje aan de kust is heerlijk, maar het kan ook een gevaar vormen omdat je lichaam erdoor afkoelt waardoor je vergeet dat de zon nog steeds zeer intens is.

Gebieden waar het normaal gematigd is, kunnen geteisterd worden door dodelijke hitte. Tijdens de hittegolf in Parijs van augustus 2003 kwamen honderden mensen om door de warmte. In 1995 stierven 700 mensen in Chicago als gevolg van de hitte. Steden worden meestal het warmst en veel medische omstandigheden, waar normaal prima mee te leven valt, kunnen levensbedreigend worden. In augustus 2007 werden het oostelijk deel van de Middellandse Zee, de Balkan en het Midden-Oosten getroffen door een niet voorspelde hittegolf. De temperatuur in Bulgarije was boven de 40 °C en in Griekenland en Israël kwam deze zelfs boven 46 °C.

Voorzorgsmaatregelen bij warm weer

Zorg dat je tijdens een hittegolf overdag en 's nachts extra drinkt om het vochtverlies door zweten op te vangen. Juist door uitdroging over 24 uur word je ziek, en na verschillende dagen kun je er zelfs dood aan gaan. Drink geen alcohol, aangezien dit je lichaam uitdroogt, maar eet normaal. Wanneer je fysieke inspanningen verricht, doe het dan rustiger aan wanneer je je wat misselijk begint te voelen.

Neem een lange siësta wanneer dat plaatselijk gewoon is. Doe dat niet in de zon op het strand, omdat je dan in slaap kunt vallen en verbrandt. Houd

INTERNATIONALE UV-INDEX			
Uv-index	Beschrijving	Kleur media	Aanbevolen bescherming
0–2	Weinig gevaar voor gemiddeld persoon	Groen	Draag een zonnebril, gebruik zonnebrand wanneer je een erg gevoelige huid hebt.
3–5	Matig risico onbeschermd in de zon	Geel	Draag een zonnebril, gebruik zonnebrand, draag kleding en een hoed. Blijf in de schaduw wanneer de zon het meest intens is.
6–7	Groot risico onbeschermd in de zon	Oranje	Gebruik zonnebrand factor 15 of hoger, blijf van 2 uur voor tot 3 uur na het middaguur uit de zon.
8–10	Zeer groot risico	Rood	Als hierboven maar let er extra goed op.
11+	Extreem risico	Paars	Neem alle maatregelen als hierboven. Draag beschermende kleding over alle delen van de onbeschermde huid. Blijf in de schaduw.

ramen dicht en jaloezieën naar beneden op het warmst van de dag, maar laat de koele avondbries door het huis waaien.

Bescherming tegen verbranden

In het spectrum van zonlicht zit ultraviolet (uv) licht met een relatief korte golflengte. Hoe korter de golflengte, hoe dieper het licht kan doordringen, waardoor het onzichtbare uv-licht resulteert in schade aan de huid die kan leiden tot huidkanker. Door langzaam een kleurtje op te bouwen krijg je weerstand tegen verbranding, doordat de huid melanine produceert dat fungeert als een natuurlijke barrière voor uv-straling. Alle soorten huid moeten worden beschermd, maar sommige zijn gevoeliger voor verbranding dan andere. De internationale uv-index (tabel) is gemaakt om mensen te adviseren hoe ze zich het beste kunnen beschermen tegen de schadelijke straling van de zon.

Foto 24 In de oudste woestijn van de wereld, de Namib in Namibië en Zuidwest-Angola, kunnen de temperaturen dalen tot 0 °C en oplopen tot 50 °C. Wanneer je in dit soort gebieden reist zul je maatregelen moeten treffen tegen zowel de kou als de hitte. De huidige klimatologische omstandigheden, zoals minder regen en zandstormen, zorgen ervoor dat de woestijnen groter worden ten koste van landbouwgrond. FOTO: SHUTTERSTOCK